LA MAISON
DE RENDEZ-VOUS

ALAIN ROBBE-GRILLET

LA MAISON
DE RENDEZ-VOUS

suivi de

UN ÉCRIVAIN NON RÉCONCILIÉ

par

Franklin J. Matthews

© 1965 by LES ÉDITIONS DE MINUIT

LES ÉDITIONS DE MINUIT

© 1965 by Les Éditions de Minuit
7, rue Bernard-Palissy — 75006 Paris

ISBN 2-7073-0315-1

L'auteur tient à préciser que ce roman ne peut, en aucune manière, être considéré comme un document sur la vie dans le territoire anglais de Hong-Kong. Toute ressemblance, de décor ou de situations, avec celui-ci ne serait que l'effet du hasard, objectif ou non.

Si quelque lecteur, habitué des escales d'Extrême-Orient, venait à penser que les lieux décrits ici ne sont pas conformes à la réalité, l'auteur, qui y a lui-même passé la plus grande partie de sa vie, lui conseillerait d'y revenir voir et de regarder mieux : les choses changent vite sous ces climats.

La chair des femmes a toujours occupé, sans doute, une grande place dans mes rêves. Même à l'état de veille, ses images ne cessent de m'assaillir. Une fille en robe d'été qui offre sa nuque courbée — elle rattache sa sandale — la chevelure à demi renversée découvrant la peau fragile et son duvet blond, je la vois aussitôt soumise à quelque complaisance, tout de suite excessive. L'étroite jupe entravée, fendue jusqu'aux cuisses, des élégantes de Hong-Kong se déchire d'un coup sous une main violente, qui dénude soudain la hanche arrondie, ferme, lisse, brillante, et la tendre chute des reins. Le fouet de cuir, dans la vitrine d'un sellier parisien, les seins exposés des mannequins de cire, une affiche de spectacle, la réclame pour des jarretelles ou pour un parfum, deux lèvres humides, disjointes, un bracelet de fer, un collier à chien, dressent autour de moi leur décor insistant, provocateur. Un simple lit à colonnes, une cordelette, le bout brûlant d'un cigare, m'accompagnent pendant des heures, au hasard des voyages, pendant des jours. Dans les jardins, j'organise des fêtes. Pour les temples, je règle des cérémonies, j'ordonne des sacrifices. Les palais arabes ou mogols emplissent mes oreilles de cris et de soupirs. Sur les parois des églises de Byzance, les marbres sciés à symétrie bilatérale dessinent sous mes yeux des sexes féminins largement ouverts, écartelés. Deux anneaux scellés dans la pierre, au

9

plus profond d'une antique prison romaine, suffisent à faire apparaître la belle esclave enchaînée, promise à de longs supplices, dans le secret, la solitude, et le loisir.

Souvent je m'attarde à contempler quelque jeune femme qui danse, dans un bal. Je préfère qu'elle ait les épaules nues, et aussi, quand elle se retourne, la naissance de la gorge. Sa chair polie luit d'un éclat doux, sous la lumière des lustres. Elle exécute avec une application gracieuse un de ces pas compliqués où la cavalière se tient éloignée de son danseur, haute silhouette noire, comme en retrait, qui se contente d'indiquer à peine les mouvements devant elle, attentive, dont les yeux baissés semblent guetter le moindre signe que fait la main de l'homme, pour lui obéir aussitôt tout en continuant d'observer les lois minutieuses du cérémonial, puis, sur un ordre presque imperceptible, se retournant de nouveau en une souple volte-face, offrant de nouveau ses épaules et sa nuque.

Elle s'est maintenant retirée, un peu à l'écart, pour rattacher la boucle de sa fine chaussure à brides, faite de minces lanières dorées qui barrent de plusieurs croix le pied nu. Assise sur le bord d'un canapé, elle se tient courbée en avant, sa chevelure à demi renversée découvrant davantage la peau fragile au duvet blond. Mais deux personnages s'avancent et masquent bientôt la scène, une haute silhouette en smoking sombre, à qui un gros homme au teint rouge parle de ses voyages.

Tout le monde connaît Hong-Kong, sa rade, ses jonques, ses sampans, les buildings de Kowloon, et l'étroite robe à jupe entravée, fendue sur le côté jusqu'à la cuisse, dont sont vêtues les eurasiennes, longues filles flexibles, moulées dans leur fourreau de soie noire à petit col droit et sans manches, coupé net au ras des aisselles et au cou. La mince étoffe brillante est portée à même la peau, épousant les formes du ventre, de la poitrine, des hanches, et se plissant à la taille en un faisceau de menus sillons, lorsque la promeneuse, qui s'est arrêtée devant une vitrine, a tourné la tête et le buste vers la paroi de glace, où, immobile, le pied gauche ne reposant sur le sol que par la pointe d'un soulier à très haut talon, prêt à reprendre sa marche au milieu du pas interrompu, la main droite en avant, un peu écartée du corps, et le coude à demi fléchi, elle contemple un instant la jeune femme de cire vêtue d'une robe identique en soie blanche, ou bien son propre reflet dans la vitre, ou bien la laisse en cuir tressé que le mannequin tient de la main gauche, le bras nu s'écartant du corps et le coude à demi fléchi pour retenir un grand chien noir au pelage luisant qui marche devant elle.

L'animal a été naturalisé avec un très grand art. Et, si ce n'était son immobilité totale, sa raideur un peu trop accentuée, ses yeux de verre trop brillants sans doute, et trop fixes, l'intérieur peut-être trop rose de sa gueule entrouverte, ses dents trop blanches, on croirait qu'il va terminer le mouvement interrompu : ramener la patte restée tendue en arrière, dresser les deux oreilles de façon égale, ouvrir davantage les mâchoires pour dégager largement les crocs, dans une attitude menaçante, comme si quelque spectacle l'inquiétait, du côté de la rue, ou mettait en danger sa maîtresse.

Le pied droit de celle-ci, qui s'avance presque jusqu'au niveau de la patte arrière du chien, ne repose sur le sol que par la pointe d'un soulier à très haut talon, dont le cuir doré recouvre seulement d'un triangle exigu l'extrémité des orteils, tandis que de fines lanières barrent de trois croix le cou-de-pied

11

et enserrent la cheville par-dessus un bas très fin, à peine visible quoique de teinte foncée, noire probablement.

Un peu plus haut, la soie blanche de la jupe est fendue latéralement, laissant deviner le creux du genou et la cuisse. Au-dessus, grâce à un discret système à glissière, presque indiscernable, la robe doit s'ouvrir entièrement jusqu'à l'aisselle, d'un seul coup, sur la chair nue. Le corps souple se tord, de droite et de gauche, pour essayer de se libérer des minces liens de cuir qui enserrent les chevilles et les poignets ; mais c'est en vain, naturellement. Les mouvements qu'autorise la posture sont d'ailleurs de faible amplitude ; torse et membres obéissent à des règles si strictes, si contraignantes, que la danseuse paraît maintenant tout à fait immobile, marquant seulement la mesure d'une imperceptible ondulation des reins. Et tout à coup, sur un ordre muet de son cavalier, elle se retourne en une volte-face légère, immobile aussitôt derechef, ou plutôt balancée sur place d'une houle si lente, si réduite, qu'elle fait seulement bouger l'étoffe mince sur le ventre et les seins.

Et voilà que le même gros homme sanguin s'interpose de nouveau, parlant toujours à voix haute de la vie à Hong-Kong et des magasins élégants de Kowloon, où l'on trouve les plus belles soies du monde. Mais il s'est arrêté au milieu de son discours, ses yeux rouges levés, comme s'interrogeant sur cette attention qu'il croit fixée sur lui. Devant la vitrine, la promeneuse en fourreau noir rencontre le regard que réfléchit la paroi de glace ; elle se détourne lentement vers sa droite, et poursuit sa marche du même pas égal le long des maisons, retenant au bout de la laisse tendue son grand chien au pelage luisant dont la gueule entrouverte laisse échapper un peu de salive, puis se referme avec un claquement sec.

A ce moment passe sur la chaussée, le long du trottoir où la jeune femme au chien s'éloigne d'un pas court et rapide, dans le même sens qu'elle, un pousse-pousse traîné à vive allure par un Chinois vêtu d'un bleu de mécanicien, mais portant le chapeau traditionnel en cône évasé. Entre les deux hautes roues, dont les rayons de bois sont peints en rouge vif, la capote de toile noire qui surmonte en auvent le siège unique masque complètement le client assis sur celui-ci ; à moins que ce siège, qui, de l'arrière, demeure invisible lui-même à cause de la capote, ne soit vide, occupé seulement par un vieux coussin aplati dont la molesquine fendillée, usée par endroit jusqu'à la toile, laisse échapper son kapok par une déchirure dans l'un des angles ; ainsi s'expliquerait l'étonnante vitesse à laquelle ce petit homme d'apparence chétive peut courir, sur ses pieds nus dont les plantes noircies apparaissent alternativement de façon mécanique, entre les brancards rouges, sans jamais ralentir pour reprendre haleine, si bien qu'il a tout de suite disparu au bout de l'avenue, où commence l'ombre dense des figuiers géants.

Le personnage au visage congestionné, aux yeux injectés de sang, détourne bientôt le regard, après avoir, à tout hasard sans doute, tenté un vague sourire qui ne s'adressait à personne en particulier. Il se dirige vers le buffet, accompagné toujours par son auditeur en smoking qui continue d'écouter poliment, sans prononcer une parole, tandis qu'il reprend son récit en faisant des gestes courts avec ses petits bras.

Le buffet s'est dégarni de façon notable. L'accès en est aisé, mais il ne reste presque plus rien dans les assiettes à sandwiches et à petits fours, irrégulièrement abandonnées sur la nappe défraîchie.

L'homme qui a vécu à Hong-Kong se fait servir une coupe de champagne, qu'un garçon en veste blanche et gants blancs lui tend aussitôt sur un plateau argenté rectangulaire. Le plateau demeure un instant en suspens au-dessus de la table, à quelque vingt ou trente centimètres de la main tendue de l'homme qui s'apprêtait à saisir le verre, mais qui pense maintenant à autre chose, ayant retrouvé sa voix forte et un peu enrouée pour entretenir de ses voyages ce même compagnon muet, vers lequel il se tourne de côté en levant la tête, car l'autre est beaucoup plus grand que lui. Ce dernier au contraire regarde le plateau d'argent et la coupe de champagne jaune où montent de petites bulles, la main gantée de blanc, puis le garçon lui-même dont l'attention vient, elle aussi, d'être attirée ailleurs : un peu en arrière et vers le bas, dans une région cachée par la longue table dont la nappe blanche descend jusqu'au plancher ; il semble observer quelque chose sur le sol, peut-être un objet qu'il a laissé tomber par mégarde, ou que quelqu'un d'autre a laissé tomber, ou bien a volontairement jeté à terre, et qu'il va ramasser dès que l'invité attardé qui a commandé à boire aura pris son verre sur le plateau, lequel s'incline en ce moment d'une façon dangereuse pour le liquide mousseux et son récipient de cristal.

Mais, sans y prendre garde, l'homme continue à parler. Il raconte une histoire classique de traite des mineures, dont le début manquant devient vite facile à reconstituer dans ses grandes lignes : une jeune fille achetée vierge à un intermédiaire cantonais, et revendue ensuite trois fois plus cher, en bon état mais après plusieurs mois d'usage, à un Américain fraîchement débarqué qui s'était installé dans les Nouveaux Territoires, sous le prétexte officiel d'y étudier les possibilités de culture des... (deux ou

14

trois mots inaudibles). Il récoltait en réalité du chanvre indien et du pavot blanc, mais en quantités raisonnables, ce qui rassurait la police anglaise. C'était un agent communiste qui dissimulait son activité véritable sous celle, plus anodine, de la fabrication et du trafic de diverses drogues, sur une très petite échelle, suffisante surtout pour alimenter sa consommation domestique et celle de ses amis. Il parlait le cantonais et le mandarin, et fréquentait naturellement la Villa Bleue, ou Lady Ava organisait des spectacles spéciaux pour quelques intimes. Une fois, la police est arrivée chez elle au milieu d'une réunion, mais une réunion parfaitement ordinaire, montée sans doute comme paravent, avec une fausse dénonciation prévenant la brigade des mœurs. Quand les gendarmes en short kaki et chaussettes blanches font irruption dans la villa, ils ne trouvent que trois ou quatre couples qui dansent encore dans le grand salon avec distinction et retenue, quelques hauts fonctionnaires ou hommes d'affaires en vue qui conversent çà et là dans les fauteuils, les canapés, ou se tiennent debout dans une encoignure de fenêtre, tournant seulement la tête vers la porte d'entrée sans changer pour cela de position, appuyés en arrière au chambranle ou la main posée sur le haut d'un dossier de chaise, une jeune femme qui éclate d'un rire moqueur devant l'air surpris des deux adolescents avec qui elle s'entretenait, trois messieurs attardés au buffet où l'un d'eux se fait servir une coupe de champagne. Le garçon en petite veste blanche, qui était en train de considérer le sol à ses pieds, ramène les yeux sur son plateau d'argent, qu'il redresse pour le présenter à l'horizontale, en disant : « Voilà, monsieur. » Le gros homme au teint rouge détourne le visage vers lui, apercevant alors sa propre main restée en l'air, ses phalanges grasses

15

à demi repliées sur elles-mêmes et sa bague chinoise ; il prend la coupe, qu'il porte aussitôt à ses lèvres, tandis que le serveur pose le plateau sur la nappe et se baisse pour ramasser quelque chose derrière la table, qui le masque presque entièrement durant quelques secondes. On ne voit plus que son dos courbé, où la veste courte ajustée a glissé sur la ceinture du pantalon noir, laissant à découvert une bande de chemise froissée.

Lorsqu'il se redresse, il dépose à côté du plateau un petit objet qu'il tient de la main droite : une ampoule de verre incolore du type courant utilisé en pharmacie, dont une seule pointe a été brisée, le liquide ne pouvant donc avoir été vidé qu'au moyen d'une seringue munie de son aiguille à piqûres. Le personnage en smoking sombre regarde lui aussi l'ampoule, mais celle-ci ne porte aucune espèce de nom ou de marque qui pourrait indiquer ce qu'elle a contenu.

Pendant ce temps, les derniers danseurs se sont séparés, la musique ayant pris fin. Lady Ava offre une main élégante et polie à l'un des hommes d'affaires qui prend congé d'elle avec des gestes cérémonieux. Il est le seul des invités à porter un smoking de couleur foncée (d'un bleu marine très sombre, à moins que ce ne soit du noir) ; tous les autres, ce soir, étaient en smoking blanc, ou en spencer blanc, ou bien en complets de ville de teintes diverses, foncées bien entendu. Je m'approche à mon tour de la maîtresse de maison et m'incline, tandis qu'elle me tend à baiser le bout de ses longs doigts aux ongles un peu trop rouges. Elle recommence ainsi le geste qu'elle vient d'accomplir pour mon prédécesseur, et je me penche cérémonieusement de la même manière, et je prends sa main pour la soutenir pendant que je l'effleure du bout des lèvres, toute la

16

scène se répétant avec exactitude dans ses moindres détails.

Dehors, la chaleur est étouffante. Parfaitement immobile dans la nuit moite, comme figé au milieu d'une matière solide, le feuillage finement découpé des bambous s'avance au-dessus de l'allée, éclairé par la lumière incertaine qui vient du perron de la villa et se détachant sur un ciel tout à fait obscur, dans le bruit fixe et strident des cigales. A la porte du parc il n'y a pas de taxi, mais plusieurs pousse-pousse qui stationnent en ligne le long du mur de clôture. Le coureur qui tire le premier de la file est un petit homme chétif, vêtu d'un bleu de mécanicien ; il propose ses services en une langue incompréhensible, qui doit être une imitation d'anglais. Sous la capote de toile en auvent, conservée en prévision des pluies soudaines, très fréquentes à cette époque de l'année, le siège est garni d'un coussin collant et dur, dont la molesquine crevée laisse échapper son rembourrage par un des angles : une matière rêche, agglomérée en mèches raides, imprégnées d'humidité.

Le centre de la ville dégage, comme d'habitude à cette heure-ci, une odeur douce d'œufs pourrissants et de fruits trop mûrs. La traversée par le bac de Kowloon n'apporte aucune fraîcheur, et, de l'autre côté de l'eau, les pousse-pousse qui attendent en file sont identiques, peints du même rouge éclatant, avec les mêmes coussins de toile cirée ; cependant les rues sont plus larges et plus propres. Les rares piétons qui circulent encore, çà et là, au pied des buildings, sont presque tous vêtus à l'européenne. Mais un peu plus loin, dans une avenue déserte, une longue fille souple, en fourreau de soie blanche fendu sur le côté, passe dans la clarté bleuâtre d'un lampadaire. Elle tient en laisse, à bout de bras, un très grand chien noir au pelage luisant qui marche, raide, devant elle. Il disparaît aussitôt, et sa maîtresse à la suite, dans l'ombre d'un figuier géant. Les pieds du petit homme qui court entre les brancards continuent, sur un rythme vif et régulier, à frapper l'asphalte lisse.

Je vais donc essayer maintenant de raconter cette soirée chez Lady Ava, de préciser en tout cas quels furent, à ma connaissance, les principaux événements qui l'ont marquée. Je suis arrivé à la Villa Bleue vers neuf heures dix, en taxi. Un parc à la végétation dense entoure de tous les côtés l'immense maison de stuc, dont l'architecture surchargée, la juxtaposition d'éléments en apparence disparates, la couleur inhabituelle surprennent toujours, même celui qui l'a contemplée déjà souvent, lorsqu'elle apparaît au détour d'une allée dans son encadrement de palmiers royaux. Comme j'avais l'impression d'être un peu en avance, c'est-à-dire de me trouver parmi les premiers invités à franchir la porte, sinon le premier puisque je ne voyais personne d'autre, ni dans les voies d'accès ni sur le perron, j'ai préféré ne pas entrer tout de suite et j'ai obliqué vers la gauche pour faire quelques pas dans cette partie du jardin, la plus agréable. Seuls les alentours immédiats de la maison sont éclairés, même les jours de réception ; très vite, d'épais massifs viennent couper la lumière des lanternes et jusqu'à la lueur bleue renvoyée par les parois de stuc ; on ne distingue bientôt plus que le contour des allées de sable clair, puis, les yeux s'habituant à l'obscurité, la forme générale des bosquets et des arbres les plus proches.

Le bruit est assourdissant, produit par des milliers d'insectes invisibles, qui doivent être des cigales ou une espèce voisine à chant nocturne. C'est un bruit strident, uniforme, parfaitement égal et continu, qui

18

provient de tous les côtés à la fois et dont la présence est si violente qu'il semble se situer au niveau même des oreilles du promeneur. Celui-ci néanmoins peut souvent ne pas en prendre conscience, à cause de l'absence totale d'interruption comme de la moindre variation d'intensité ou de hauteur. Et soudain des paroles se détachent sur ce fond sonore : « Jamais !... Jamais !... Jamais ! » Le ton est pathétique, même un peu théâtral. Bien que grave, la voix est assurément celle d'une femme, qui doit se trouver tout près, sans doute juste derrière la haute touffe de ravenalas qui borde l'allée sur la droite. La terre molle ne fait heureusement aucun bruit sous les pas de celui qui s'y aventure. Mais, entre les minces troncs surmontés de leur bouquet de feuilles en éventail, il n'y a rien de discernable, que d'autres troncs identiques, de plus en plus serrés, formant une forêt infranchissable qui s'étend probablement sur une grande profondeur.

En me retournant, j'ai aperçu d'un seul coup la scène : deux personnages immobilisés dans des attitudes dramatiques, comme sous le choc d'une intense émotion. Ils étaient cachés tout à l'heure par un buisson assez bas, et c'est en m'avançant jusqu'au massif de ravenalas, puis en gravissant la pente de terre nue, que j'ai atteint cette position d'où il est aisé de les apercevoir, dans un halo de lumière bleue qui provient de la maison, plus proche tout à coup que le chemin parcouru ne le laissait prévoir, et dans une perspective brusquement dégagée, juste à cet endroit. La femme est en robe longue, blanche, à jupe très bouffante, avec les épaules et le dos nus ; elle est debout, le corps assez rigide, mais la tête détournée et les bras esquissant un mouvement ambigu d'adieu, ou de dédain, ou d'expectative : la main gauche à peine écartée du corps, à la hauteur de la hanche,

19

et la droite levée jusqu'au niveau des yeux, le coude à demi plié et les doigts étendus, disjoints, comme si elle s'appuyait à une paroi de verre. A trois mètres environ dans la direction que cette main semble condamner — ou craindre — se tient un homme en spencer blanc qui paraît sur le point de s'écrouler, comme s'il venait d'être frappé d'un coup de pistolet, la femme ayant lâché l'arme aussitôt et restant ainsi la main droite ouverte, abasourdie par sa propre action, n'osant même plus regarder l'homme qui a seulement fléchi sur ses jambes, le dos un peu courbé, une main crispée sur la poitrine et l'autre étendue de côté, vers l'arrière, ayant l'air de chercher un appui où se raccrocher.

Puis, très lentement, sans redresser le corps ni les genoux ployés, il ramène cette main en avant et la porte à ses yeux (réalisant ainsi une image parfaite de l'expression « se voiler la face ») et il demeure alors sans plus bouger que sa compagne. Il reste encore figé dans la même posture lorsque celle-ci, d'un pas lent et régulier de somnambule, se met en route vers la maison aux reflets azurés, et s'éloigne, les bras conservant toujours leur position levée, la main gauche repoussant devant elle l'invisible paroi de glace.

Un peu plus loin, dans la même allée, il y a un homme seul assis sur un banc de marbre. Habillé de couleur sombre et placé sous une plante charnue, avec des feuilles en forme de main qui s'avancent au-dessus de lui, il a les deux bras écartés de part et d'autre du corps, les paumes reposant à plat sur la pierre et les doigts recourbés sur son bord arrondi ; le buste est penché en avant, la tête inclinée, dans une contemplation fixe — ou aveugle — du sable pâle devant ses chaussures vernies. Plus loin encore, une très jeune fille — vêtue seulement d'une sorte de chemisette en lambeaux qui laisse apercevoir en plusieurs points la chair nue, sur les cuisses, le ventre, la poitrine aux seins naissants, les épaules — est attachée contre le tronc d'un arbre, les mains ramenées en arrière, la bouche s'ouvrant de terreur et les yeux agrandis par ce qu'elle voit se dresser en face d'elle : un tigre de grande taille, arrêté à quelques mètres à peine, qui la contemple un instant avant de la dévorer. C'est un groupe sculpté, grandeur nature, exécuté en bois peint vers le début du siècle et représentant une scène de chasse aux Indes. Le nom de l'artiste — un nom anglais — se trouve gravé dans le bois, à la base du faux tronc d'arbre, en même temps que le titre de la statue : « L'Appât ». Mais le troisième élément du groupe, le chasseur, au lieu d'être juché sur quelque éléphant ou en haut d'un mirador de rondins, se tient seulement un peu en retrait, debout dans les hautes herbes, la main droite crispée sur le guidon d'une bicyclette. Il porte un complet de toile blanche et un casque colonial. Il ne s'apprête pas à tirer ; le canon de son fusil, resté en bandoulière, dépasse derrière son épaule gauche. Ce n'est d'ailleurs pas le tigre qu'il regarde, mais l'appât.

Bien entendu la nuit est trop noire, dans cette partie du jardin, pour permettre de distinguer avec précision la plupart de ces détails, visibles seulement en plein jour : la bicyclette par exemple, ainsi que le nom de la statue et celui du sculpteur (quelque chose comme Johnson, ou Jonstone). Le tigre, au contraire, et surtout la jeune fille liée à l'arbre, qui sont tout proches de l'allée, ressortent avec une assez grande netteté sur le fond plus sombre de la végétation. Dans ces parages on peut encore admirer, de jour, diverses autres sculptures, toutes plus ou moins horribles ou fantastiques, dans le genre de

21

celles qui ornent les temples de la Thaïlande ou le Tiger Balm Garden de Hong-Kong.

« Si vous n'avez pas vu cela, vous n'avez rien vu », dit à son sujet le gros homme en reposant sa coupe de champagne, vide, sur la nappe blanche défraîchie près d'une fleur fanée d'hibiscus, dont un pétale se trouve alors pris sous le disque de cristal formant la base du verre. C'est à ce moment que la grande porte du salon s'ouvre d'un seul coup, le lourd battant poussé de l'extérieur avec violence, pour laisser passer les trois policiers britanniques en uniforme : short et chemisette kaki, chaussettes blanches et souliers bas. Le dernier entré referme la porte derrière lui et y reste en faction, les jambes légèrement écartées, la main droite posée sur la gaine de cuir du revolver, contre la hanche. Un autre traverse la pièce d'un pas décidé vers la porte du fond, tandis que le troisième — qui ne semble pas armé, mais dont les épaulettes ont des galons de sous-lieutenant — se dirige vers la maîtresse de maison comme s'il savait exactement où elle se tient, bien qu'elle soit à ce moment-là cachée à ses regards, assise sur un canapé jaune dans un des renfoncements à colonnes qui correspondent aux bow-windows à la chinoise de la façade ouest. Elle est juste en train de dire : « Jamais... Jamais... Jamais ?... », sur un ton souriant, plus évasif que ferme (mais peut-être insinuant), à une jeune femme blonde qui se trouve debout près d'elle. En prononçant ces mots, Lady Ava s'est détournée vers la fenêtre aux épais rideaux fermés. La jeune femme porte une robe du soir en mousseline blanche, à longue jupe très bouffante et au corsage largement décolleté, laissant les épaules découvertes et la naissance de la gorge. Elle tient les yeux baissés vers le velours jaune du canapé ; elle semble réfléchir ; elle dit, à la fin : « Bien... J'essaierai. »

Lady Ava ramène alors son regard sur le visage blond, avec de nouveau le même sourire un peu ironique. « Demain, par exemple », dit-elle. « Ou après-demain... » dit la jeune femme, sans lever les yeux. « Demain c'est mieux », dit Lady Ava.

Sans doute cette scène a-t-elle eu lieu un autre soir ; ou bien, si c'est aujourd'hui, elle se place en tout cas un peu plus tôt, avant le départ de Johnson. C'est en effet sa haute silhouette sombre que désigne Lady Ava du regard, lorsqu'elle ajoute : « Maintenant, vous allez danser encore une fois avec lui. » La jeune femme au teint rose de poupée se tourne alors elle aussi, mais comme à regret, ou avec une sorte d'appréhension, vers le personnage en smoking noir, qui, un peu en retrait, de profil, regarde toujours vers les rideaux fermés, comme s'il attendait — mais sans y attacher beaucoup d'importance — que quelqu'un surgisse tout à coup de l'invisible fenêtre.

Tout à coup le décor change. Lorsque les lourds rideaux fermés, glissant avec lenteur sur leurs tringles, s'écartent pour le tableau suivant, la scène du petit théâtre représente une sorte de clairière dans la forêt, où les familiers de la Villa Bleue reconnaissent aussitôt la disposition générale du divertissement qui a pour titre : « L'appât ». La place et la posture des personnages vient d'être décrite, parmi la collection des bibelots ornant le salon de glace, ou à propos du jardin, ou bien d'autre chose. Cependant, il ne s'agit pas ici d'un tigre mais de l'un des grands chiens noirs de la maison, rendu plus gigantesque encore par un habile effet d'éclairage, et, sans doute aussi, à cause de la petite taille de la jeune métisse qui tient le rôle de la victime. (Il s'agit vraisemblablement de cette fille, achetée quelque temps auparavant à un intermédiaire cantonais, dont il a déjà été question.)

L'homme qui joue le chasseur n'a pas de bicyclette, cette fois, mais il tient à la main une grosse laisse de cuir tressé ; et il porte des lunettes noires. Il est inutile d'insister davantage sur cette mise en scène que tout le monde connaît. La nuit est très avancée, une fois de plus, déjà. J'entends le vieux roi fou qui arpente le long couloir, à l'étage au-dessus. Il cherche quelque chose, dans ses souvenirs, quelque chose de solide, et il ne sait pas quoi. La bicyclette a donc disparu, il n'y a plus de tigre en bois sculpté, pas de chien non plus, pas de lunettes noires, pas de lourds rideaux. Et il n'y a plus de jardin, ni jalousies, ni lourds rideaux qui glissent lentement sur leurs tringles. Il ne reste à présent que des débris épars : fragments de papiers aux couleurs ternies amassés par le vent dans l'angle d'un mur, déchets pourrissants de légumes qu'il serait difficile d'identifier avec certitude, fruits écrasés, tête de poisson réduite à son squelette, éclats de bois (provenant de quelque mince latte ou caissette brisée) nageant dans l'eau boueuse du caniveau où la page de couverture d'un illustré chinois passe en tournoyant avec lenteur.

Les rues de Hong-Kong sont sales, comme chacun sait. Les petites boutiques aux enseignes verticales, portant quatre ou cinq idéogrammes rouges ou verts, répandent depuis le lever du jour, tout autour de leurs étalages de produits suspects, de menus détritus aux parfums fades qui finissent par recouvrir entièrement les trottoirs, débordent sur la chaussée, entraînés en tous sens par les savates des passants en pyjamas noirs, pour être bientôt détrempés par les brusques pluies torrentielles de l'après-midi, réduits ensuite en larges plaques sans épaisseur par les roues des pousse-pousse aux coussins crevés, ou bien amoncelés en tas incertains par les balayeurs dont les gestes vagues, ralentis et comme inutiles, s'interrompent un instant tandis que les yeux bridés se lèvent à demi, de côté, sur le passage des servantes eurasiennes au maintien de princesses qui, à la nuit tombante, promènent imperturbablement, dans la chaleur humide et les odeurs d'égout, les grands chiens silencieux de Lady Ava.

Bête au pelage luisant, tendue sur ses pattes raidies, qui s'avance d'une allure rapide et sûre, tête haute, rigide, gueule à peine entrouverte, oreilles dressées, comme un chien policier qui saurait où il va sans avoir besoin de fureter de droite et de gauche pour chercher sa route, ni même de sentir le sol où s'embrouillent les pistes parmi les immondices et les relents. Fines chaussures à talons pointus, dont les lanières de cuir barrent le pied très petit de trois croix dorées. Robe collante, à peine striée à chaque pas de minces plis mouvants sur les hanches et le ventre ; la soie brillante a les mêmes reflets, aux lanternes des échoppes, que le poil sombre de l'animal, qui marche deux mètres en avant, tirant juste assez sur la laisse, tenue à bout de bras, pour tendre la tresse de cuir sans obliger la promeneuse à modifier la vitesse ou la direction de son parcours en droite ligne, qui traverse la foule des pyjamas comme s'il s'agissait d'une place déserte, la jeune femme conservant tout le corps immobile, malgré le mouvement vif et régulier des genoux et des cuisses sous la jupe entravée, dont la fente latérale ne permet d'ailleurs que des ouvertures réduites. Les traits de son visage, sous la chevelure très noire, marquée d'une fleur rouge d'hibiscus au-dessus de l'oreille gauche, restent aussi figés que ceux d'un mannequin de cire. Elle n'abaisse même pas les yeux vers les étalages de poulpes, de poissons verts et d'œufs fermentés, ni ne tourne la tête, à droite ou à gauche, vers les enseignes faiblement éclairées dont les énormes caractères couvrent toute la place disponible sur les murs comme sur les piliers carrés des arcades, ou vers les marchands de journaux et de magazines, les réclames énigmatiques, les lampions de couleurs vives. On dirait qu'elle ne voit rien de tout cela, comme une somnambule ; elle n'a pas non plus besoin de regarder à ses pieds pour éviter les obstacles, ceux-ci paraissant s'écarter d'eux-mêmes pour lui laisser le chemin libre : un petit enfant nu qui se traîne au milieu des épluchures, une caissette vide que la main d'un personnage caché ôte au dernier moment du passage, un balai de riz qui effleure les pavés à l'aveuglette, hors du regard perdu d'un employé municipal en bleu de chauffe, dont l'œil ensommeillé abandonne bientôt les brèves apparitions périodiques de la·jambe entre les pans de la robe fendue, pour se reporter un instant sur son travail : le faisceau de paille de riz dont l'extrémité recourbée par l'usage ramène vers le caniveau une image bariolée : la couverture d'un illustré chinois.

Sous une inscription horizontale en grands idéogrammes aux formes carrées, qui occupe tout le haut de la plage, le dessin — de facture grossière — représente un vaste salon à l'européenne dont les boiseries très décorées de glaces et de stuc doivent vraisemblablement donner l'idée du luxe ; quelques hommes en tenues sombres ou en spencers de teintes crème ou ivoire sont debout, ici et là, causant par petits groupes ; au second plan, vers la gauche, derrière un buffet garni d'une nappe retombant jusqu'au sol, sur laquelle sont disposés de nombreux plats chargés de sandwiches ou de petits fours, un garçon en veste blanche est en train de servir une coupe de champagne, sur un plateau d'argent, pour un gros personnage à l'air important qui, le bras déjà tendu pour saisir son verre, parle à un autre invité beaucoup plus grand que lui, ce qui l'oblige à lever la tête ; tout au fond, mais dans un espace dégagé qui permet de les remarquer au premier coup d'œil — d'autant plus qu'il s'agit du centre de l'image —, une grande porte vient de s'ouvrir à deux battants pour livrer passage à trois militaires en tenue de campagne (des combinaisons de parachutistes à bariolages verts et gris) qui, serrant chacun une mitraillette à hauteur de la hanche, immobiles et prêts à tirer, braquent leurs armes dans trois directions divergentes couvrant l'ensemble de la salle. Mais quelques personnes seulement ont remarqué leur irruption, dans le brouhaha de la réception mondaine, une femme en robe longue, directement sous la menace d'un des canons, et trois ou quatre hommes situés à proximité immédiate ; un mouvement de recul affecte leurs têtes et leurs bustes, tandis que les bras sont figés au milieu de gestes instinctifs de défense, ou de surprise, ou de peur.

Dans tout le reste du salon, les intrigues locales continuent encore leur train, comme si de rien n'était. Au premier plan par exemple, sur la droite, deux femmes assez proches l'une de l'autre et visiblement liées par quelque affaire momentanée, bien qu'elles ne semblent pas en conversation, n'ont encore rien vu et poursuivent la scène commencée sans se soucier de ce qui se passe à dix mètres d'elles. La plus âgée des deux, assise sur un canapé de velours rouge — ou plutôt de velours jaune — observe en souriant la plus jeune, debout devant elle, mais tournée de profil dans une autre direction : vers l'homme de haute taille qui écoutait tout à l'heure d'une oreille distraite le buveur de champagne, près du buffet, et qui, seul à présent, se tient à l'écart de la foule en face d'une fenêtre aux rideaux fermés. La jeune femme, au bout de quelques instants, regarde à nouveau vers la dame assise ; son visage, de face, apparaît grave, exalté, soudain résolu ; elle fait un pas vers le canapé rouge et, très lentement, relevant un peu le bas de sa robe d'un geste souple et gracieux du bras gauche, elle met un genou en terre devant Lady Ava, qui avec beaucoup de naturel, sans s'émouvoir, sans cesser de sourire, tend une main souveraine, ou condescendante, vers la fille agenouillée ; et celle-ci, saisissant avec douceur le bout des doigts aux ongles laqués, se penche pour y poser ses lèvres. La nuque courbée, entre les boucles blondes...

Mais la jeune femme se redresse aussitôt d'un mouvement vif et, debout, détournée, marche avec bravoure vers Johnson. Ensuite les choses vont tout d'un coup très vite : les quelques phrases convenues qu'ils échangent tous les deux, l'homme qui s'incline en un salut cérémonieux devant son interlocutrice dont les yeux demeurent baissés avec modestie, la servante eurasienne qui fait son entrée en écartant la portière de velours, s'arrête à quelques pas d'eux et reste à les observer en silence, sans que les traits de son visage, aussi immobiles que ceux d'un mannequin de cire, trahissent quelque sentiment que ce soit, la coupe de cristal qui choit sur le sol de marbre et se brise en menus morceaux, étincelants, la jeune femme aux cheveux blonds qui reste à les contempler d'un regard vide, la servante eurasienne qui s'avance comme une somnambule au milieu des débris, toujours devancée par le chien noir tirant sur sa laisse, les fines chaussures dorées qui s'éloignent le long des boutiques aux commerces suspects, le balai de riz, qui, achevant sa trajectoire courbe, pousse la couverture illustrée du magazine jusqu'au caniveau, dont l'eau boueuse entraîne l'image de couleur en tournoyant dans le soleil.

La rue, à cette heure-ci de la journée, est presque

déserte. Il fait une chaleur humide et lourde, plus accablante encore que d'ordinaire à cette époque de l'année. Les volets de bois des petites boutiques sont tous clos. Le grand chien noir s'arrête de lui-même devant l'entrée habituelle : un escalier étroit et sombre, très raide, qui prend juste au ras de la façade, sans porte ni couloir d'aucune sorte, et qui monte tout droit vers des profondeurs où la vue se perd. La scène qui se déroule alors manque de netteté... La fille regarde à droite et à gauche rapidement, comme pour vérifier que personne ne la surveille, puis elle gravit l'escalier, aussi vite que le lui permet la longue robe collante ; et, presque aussitôt, elle redescendrait en tenant contre sa poitrine une enveloppe très épaisse et déformée, faite de papier brun, qui semble avoir été bourrée de sable. Mais que serait devenu le chien pendant ce temps ? Si, comme tout l'indique, il n'est pas monté avec elle, a-t-il attendu tranquillement au pied des marches, n'ayant désormais plus besoin d'être tenu en laisse ? Ou l'aurait-elle attaché à quelque anneau, piton, tête de rampe (mais l'escalier n'a pas de rampe), heurtoir (mais il n'y a pas de porte), patte-fiche, crochet, vieux clou grossièrement recourbé vers le haut, tout tordu et mangé de rouille, planté dans le mur à cet endroit ? Mais ce clou lui-même n'est pas bien solide ; et la présence insolite d'un tel animal, marquant sans ambiguïté la maison, signalerait alors inutilement celle-ci à l'attention d'éventuels observateurs. Ou bien l'intermédiaire se tenait-il dans l'ombre, presque en bas de l'escalier, et il a suffi à la servante eurasienne de monter deux marches, sans lâcher la laisse, et de tendre la main vers l'enveloppe — ou le paquet — que lui présenterait le personnage invisible, pour s'en revenir sans s'attarder davantage. Ou plutôt, il y avait effectivement un personnage au bas des marches et il était bel

29

et bien là en raison du rendez-vous, mais il s'est contenté d'avancer la main pour saisir le bout de laisse que lui a passé la servante, tandis qu'elle grimpait vivement le petit escalier afin d'aller jusqu'à l'intermédiaire demeuré, lui, dans sa chambre, ou son bureau, ou son office, ou son officine.

L'objection du chien trop voyant reparaîtrait là, malheureusement, avec toute sa force. Et, de toute façon, la fin de l'épisode ne convient pas, puisque ce n'est pas d'une enveloppe qu'on est venu prendre livraison, mais d'une très jeune fille, qui, d'après son visage, doit d'ailleurs être japonaise plutôt que chinoise. Ils sont maintenant tous les trois sur le trottoir au dallage luisant, près de l'entrée de plus en plus obscure : la servante en robe collante à fente latérale, la petite Japonaise en large jupe noire plissée et chemisier blanc d'écolière, comme on en rencontre des milliers dans les rues de Tokyo ou d'Osaka, et le grand chien qui s'approche de la nouvelle venue pour la sentir longuement en levant le museau. Ce fragment de scène, en tout cas, ne laisse aucun doute : la gueule du chien qui flaire l'adolescente saisie de peur, acculée au mur, contre lequel elle doit subir les frôlements du mufle inquiétant depuis les cuisses jusqu'au ventre, et la servante qui regarde la jeune fille d'un œil froid, tout en laissant assez de jeu à la tresse de cuir pour permettre à la bête de libres mouvements de la tête et du cou, etc.

Je crois avoir dit que Lady Ava donnait des représentations pour amateurs sur la scène du petit théâtre privé de la Villa Bleue. C'est sans doute de cette scène qu'il s'agit ici. Les spectateurs sont dans le noir. Seuls brillent les feux de la rampe lorsque le lourd rideau se disjoint par le milieu, pour s'ouvrir avec lenteur sur un nouveau décor : le haut mur et l'escalier, étroit et raide, qui y débouche, descendant tout droit on ne sait d'où, car la vue se perd dans l'ombre au bout d'une dizaine de marches. Le mur fait de grosses pierres rugueuses, donne une impression de cave, ou même de cachot souterrain, à cause des dimensions exiguës que suggèrent les parois latérales, à droite et à gauche. Le sol, dallé grossièrement, est par endroit luisant d'usure, ou d'humidité. La seule ouverture est celle de l'escalier, étroite et voûtée, interrompant le mur du fond au tiers environ de sa longueur à partir du coin droit. Çà et là, irrégulièrement répartis sur les trois côtés visibles du cachot, plusieurs anneaux de fer sont scellés dans la pierre, à différents niveaux. A certains d'entre eux pendent de grosses chaînes rouillées, dont l'une, plus longue, descend jusqu'au sol où elle forme une sorte d'S assez lâche. L'un des anneaux, placé juste à droite de l'escalier, a servi pour attacher l'extrémité libre de la laisse du chien, qui s'est couché devant la dernière marche, tête dressée, comme s'il gardait l'entrée du lieu. Les projecteurs concentrent leurs feux sur l'animal, insensiblement. Quand on ne voit plus que lui, tout le reste de la scène se trouvant plongé dans l'obscurité, une lumière, assez vive mais lointaine, s'allume, tout en haut de l'escalier, et l'on découvre alors que celui-ci se termine à une grille de fer, dont le dessin sans ornement se découpe à présent sur le fond clair en lignes noires verticales.

Le chien s'est aussitôt dressé sur ses pattes en grondant. Deux jeunes femmes apparaissent à ce moment derrière la grille, que l'une d'elles — la plus grande — ouvre afin de leur livrer passage à toutes les deux tandis qu'elle pousse sa compagne en avant ; la porte est ensuite refermée avec des bruits métalliques de gonds grinçants, de battant qui claque et de cadenas. Bientôt on ne distingue plus personne, les deux filles ayant été absorbées par

31

l'ombre l'une après l'autre, à partir des jambes, sitôt qu'elles ont commencé à descendre l'escalier ; elles ne reparaissent que tout en bas de celui-ci, dans la clarté des projecteurs : ce sont bien entendu la servante eurasienne et la petite Japonaise. La première détache sans attendre le bout de la tresse de cuir — qu'elle conservera en main durant tout le tableau — pendant que la nouvelle arrivante, effrayée par les grondements menaçants de l'animal, se réfugie contre le mur du fond, dans la partie située sur la gauche de l'escalier, où elle se plaque dos à la pierre. Le chien, qui a pour cela subi un dressage spécial, doit déshabiller entièrement la prisonnière, que lui désigne la servante de son bras libre, pointé vers la jupe à plis ; jusqu'au dernier triangle de soie, il déchire avec ses crocs les vêtements et les arrache par lambeaux, peu à peu, sans blesser les chairs. Les accidents, lorsqu'il y en a, sont toujours superficiels et sans gravité ; ils ne nuisent pas à l'intérêt du numéro, bien au contraire.

La fille qui joue le rôle de la victime tient les bras écartés de part et d'autre du corps, en se collant à la paroi comme si elle voulait s'y incorporer afin d'échapper à la bête ; de toute évidence, une mise en scène réaliste commanderait plutôt de lui faire se servir de ses mains pour se protéger. De même, quand elle se retourne face contre la pierre, toujours sous le prétexte de la terreur irréfléchie qu'elle est censée éprouver (et que peut-être elle éprouve réellement, ce soir, puisqu'il s'agit d'une débutante), levant alors les bras davantage, coudes fléchis et mains ramenées vers les cheveux, ce mode de défense n'est explicable que par un souci d'ordre esthétique, visant à introduire quelque variété dans le point de vue de la salle. Les projecteurs, dont les faisceaux demeurent braqués sur la tête du chien, éclairent surtout la région — hanche, épaule ou poitrine — dont il est en train de s'occuper. Mais chaque fois que la servante, qui dirige l'opération en maintenant la laisse à demi tendue, juge qu'un stade particulièrement décoratif du déshabillage est atteint — à cause de nouvelles surfaces livrées au regard, ou de déchirures réussies par hasard dans les étoffes — elle tire sur la tresse de cuir en murmurant un bref « Ici ! » qui siffle comme un coup de fouet ; l'animal se retire en arrière, comme à regret, et rentre dans l'ombre, cependant que la lumière, restée sur la captive, s'élargit pour faire admirer celle-ci dans son ensemble, soit de face, soit de dos, suivant le côté qu'elle présente à ce moment-là au public.

Dans la salle du petit théâtre, quelques commentaires s'échangent alors, assez bas, sur un ton de bonne compagnie. Quand l'actrice est nouvelle, comme ce soir, elle bénéficie évidemment d'une attention particulière. Des spectateurs blasés en profitent néanmoins pour revenir au sujet qui les occupe : le mouvement des navires, les banques communistes, la vie qu'on mène à Hong-Kong aujourd'hui. « Chez les antiquaires, dit le gros homme au teint rouge, on trouve toujours de ces objets du siècle dernier, que la morale occidentale estime monstrueux. » Il doit ensuite décrire, à titre d'exemple, un des objets en question, mais c'est à voix trop basse, chuchotée, tandis qu'il approche sa bouche tout contre l'oreille que son interlocuteur tend vers lui en se penchant. « Bien sûr, dit-il encore un peu plus tard, ça n'est plus comme autrefois. Avec de la patience, on peut cependant obtenir l'adresse des maisons de plaisir clandestines, qui sont vastes comme des palais et dont les aménagements spéciaux, les salons, les jardins, les chambres secrètes, défient notre imagination d'Européens. » Puis, sans liaison apparente avec ce qui précède, il se met à raconter la mort d'Edouard Manneret. « Ça, c'était un personnage ! » ajoute-t-il en conclusion. Il porte à ses lèvres la coupe de champagne, déjà bue aux trois quarts, et la vide d'un trait en rejetant la tête en arrière, dans un mouvement d'une ampleur excessive. Et il repose le verre sur la nappe blanche défraîchie près d'une fleur fanée d'hibiscus, de couleur rouge sang, dont un pétale se trouve pris sous le disque de cristal formant la base du pied.

Les deux hommes traversent ensuite le salon, où les derniers invités semblent avoir été oubliés par petits groupes irrésolus ; et sans doute se séparent-ils presque aussitôt, puisque la scène suivante montre le plus grand des deux — celui qu'on appelle Johnson, ou même souvent « l'Américain », bien qu'il soit de nationalité anglaise et baron — debout près d'une des larges baies aux rideaux fermés, en conversation avec cette jeune femme blonde dont le prénom est Lauren, ou Loraine, qui se trouvait quelques instants auparavant sur le canapé rouge aux côtés de Lady Ava. Le dialogue entre eux est rapide, un peu distant, réduit à l'essentiel. Sir Ralph (dit « l'Américain ») ne peut se départir d'un demi-sourire presque méprisant, ironique en tout cas, tandis qu'il s'incline avec raideur devant la jeune femme — on dirait par dérision — et qu'il lui donne de brèves indications sur ce qu'il attend d'elle. Relevant ses grands yeux qu'elle gardait jusque-là obstinément fixés à terre, elle offre soudain vers lui son visage lisse au regard démesuré, consentant, révolté, soumis, vide, sans expression.

Dans la scène suivante, ils sont en train de gravir l'immense escalier d'apparat, elle ayant de nouveau les paupières baissées, la nuque fléchie, et tenant à

34

deux mains, de chaque côté, l'ourlet inférieur de sa robe blanche à très large jupe, qu'elle remonte légèrement de manière à l'empêcher de balayer à chaque marche le tapis rouge et noir, dont les épaisses barres de cuivre sont maintenues aux extrémités par deux forts anneaux et terminées à chaque bout par une petite pomme de pin stylisée, lui suivant un peu en arrière et la surveillant du regard, un regard indifférent, passionné, glacial, qui va des pieds menus montés sur de hauts talons en aiguille jusqu'à la nuque courbée et aux épaules nues, dont la chair luit d'un éclat satiné lorsque la jeune femme passe sous les torchères de bronze en forme de lingam à trois branches qui éclairent, l'une après l'autre, les volées successives de l'escalier. A chaque étage, un domestique chinois se tient en faction, figé dans une attitude improbable, contournée, comme on voit aux statuettes d'ivoire chez les antiquaires de Kowloon ; une épaule trop haute, un coude en avant, un bras fléchi ramenant les doigts contre la poitrine, ou bien les jambes entrecroisées, ou le cou tordu pour observer dans une direction que le reste du corps refuse, ils ont tous les mêmes yeux bridés, presque clos, braqués avec insistance sur le couple qui s'approche ; et, dans un mouvement d'automate au système d'horlogerie bien réglé, chacun, l'un après l'autre, fait pivoter son visage cireux très lentement, de gauche à droite, pour accompagner les deux personnages qui passent sans tourner la tête, continuant leur ascension régulière vers le palier suivant, entre les torchères successives et les barres verticales qui soutiennent la rampe, franchissant de degré en degré les barres horizontales qui fixent sur chaque marche l'épais tapis aux bandes rouges et noires.

Ensuite ils sont dans une chambre au décor vaguement oriental, à peine éclairée par de petites lampes dont les abat-jour diffusent çà et là une lumière rousse, la plus grande partie de la pièce aux dimensions assez vastes demeurant dans la pénombre. Ainsi en est-il, par exemple, pour la région qui s'étend à proximité de la porte d'entrée, où Sir Ralph s'est arrêté après avoir repoussé le battant derrière soi et fait jouer la clef dans la massive serrure aux ornements baroques. Adossé au lourd panneau de bois comme s'il en interdisait l'accès, il regarde la chambre, le lit à colonnes recouvert de satin noir, les tapis de fourrure et les divers instruments raffinés et barbares que la jeune femme, demeurée debout elle aussi, mais dans une zone un peu plus claire, immobile et les yeux au sol, s'efforce de ne pas voir.

Le gros homme au teint rouge se met alors sans doute à décrire un de ces instruments, mais c'est à voix trop basse et juste au moment où le spectacle reprend sur la scène, après cette pause de quelques secondes. La servante eurasienne fait un pas en avant. Un « Va ! » impératif, accompagné d'un geste précis du bras gauche, pointé vers le ventre de la petite Japonaise, indique au chien le morceau de tissu où il doit mordre à présent. Et la lumière se concentre de nouveau sur l'endroit désigné. On n'entend plus rien d'autre désormais, dans le silence de la salle, que les brèves injonctions sifflantes de la servante, quasi invisible, les sourds grondements du chien noir et, par instant, le souffle ému de la victime. Lorsque celle-ci est entièrement nue, mais avec un certain retard sur l'élargissement des projecteurs aussitôt réalisé, de discrets applaudissements crépitent. La jeune actrice fait trois pas dansants vers les feux de la rampe, et salue. Ce divertissement, traditionnel dans certaines provinces de la Chine intérieure, a été comme toujours très apprécié, ce soir, par les hôtes anglais ou américains de Lady Ava.

Cependant, la servante eurasienne (c'est celle-là qui doit, sauf erreur, s'appeler Kim) est restée en place, sans bouger, de même que l'animal, alors que les derniers bruits de mains s'apaisaient dans la salle obscure. On dirait un mannequin de mode dans une vitrine, qui tiendrait à bout de laisse un grand chien naturalisé, gueule entrouverte, pattes raidies, oreilles dressées. Elle contemple, sans qu'un trait de son visage trahisse la moindre émotion, la fille déshabillée qui est retournée se placer contre la paroi de pierre, dos à la salle cette fois, le corps légèrement déhanché, bras levés et mains ramenées vers sa chevelure noire qu'elle remonte au-dessus de la nuque. De là, le regard de la servante s'abaisse insensiblement jusqu'à une égratignure toute fraîche qui marque la chair ambrée en haut de la cuisse gauche, du côté intérieur, où perle une goutte de sang, en train déjà de se figer. Et maintenant elle marche dans la nuit le long des grands immeubles neufs de Kowloon, souple et rigide en même temps, libre et maîtrisée, s'avançant à la suite du chien noir qui tire un peu plus sur la tresse de cuir, sans tourner la tête à droite ni à gauche, sans même jeter un rapide coup d'œil aux vitrines de mode des boutiques élégantes, ou, de l'autre côté, vers le pousse-pousse attardé qui passe sur la chaussée, de toute la vitesse de son coureur aux pieds nus, parallèlement au trottoir, derrière les troncs des figuiers géants.

Les troncs des figuiers masquent, à intervalles réguliers, la fine silhouette fugitive, dont la robe-fourreau de soie blanche brille doucement dans l'obscurité. Ma main, posée sur le coussin de molesquine rendu collant par la chaleur humide, rencontre à nouveau la déchirure triangulaire, par où s'échappe une touffe de crins moites. Un lambeau de phrase tout à coup, sans raison, m'est venu à l'esprit, quelque

chose comme : « ... dans la splendeur des catacombes, un crime aux ornements inutiles, baroques... »
Les pieds nus du coureur frappaient toujours l'asphalte lisse avec régularité, montrant alternativement, l'un après l'autre, leur plante salie par la poussière suivant un dessin net et noir, comme une semelle largement échancrée sur son bord intérieur et terminée par cinq orteils en éventail. En me retenant aux accoudoirs, je me suis penché hors du pousse-pousse pour regarder en arrière : la silhouette blanche avait disparu. Je suis à peu près sûr qu'il s'agissait de Kim, en train de promener, imperturbable, un des chiens silencieux de Lady Ava. C'est la dernière personne que j'aie aperçue, cette nuit-là, en rentrant de la Villa Bleue.

Sitôt ma porte refermée, j'ai voulu reconstituer point par point le déroulement de la soirée, depuis le moment où je pénètre dans le jardin de la villa, au milieu du crissement aigu, fixe, assourdissant, produit par les millions d'insectes nocturnes qui peuplent de toutes parts la végétation proliférante dont les rameaux se penchent au-dessus des allées, tendant à la rencontre du promeneur solitaire, rendu hésitant par l'obscurité trop dense, des feuillages en forme de mains, de lances, ou de cœurs, des racines aériennes à la recherche d'un support où s'accrocher, des fleurs au parfum violent, douceâtre, légèrement pourri, éclairées soudain au détour d'un bosquet par la lueur bleue que diffusent les parois en stuc de la maison. Là, au centre d'un espace plus dégagé, un homme de haute taille en tenue de cérémonie parle avec une jeune femme en robe longue, blanche, largement décolletée, dont la jupe bouffante descend jusqu'au sol. D'un peu plus près, je reconnais sans mal la nouvelle protégée de notre hôtesse, dont le prénom est Lauren, en compagnie d'un certain

Johnson, Ralph Johnson, dit « Sir Ralph », cet Américain fraîchement débarqué à la colonie.

Ils ne se parlent pas. Ils sont à quelque distance l'un de l'autre : deux mètres environ. Johnson regarde la jeune femme, qui continue de regarder à terre. Il la détaille avec lenteur, de bas en haut, s'attardant davantage sur la naissance de la gorge, les épaules nues, le long cou gracieux qui se courbe un peu de côté, considérant chaque ligne du corps, chaque surface, de cet air d'indifférence qui probablement lui a valu son surnom britannique. A la fin, il dit, toujours avec son même sourire : « Très bien. Ce sera comme vous voudrez. »

Mais, après un silence et tandis que l'homme s'incline devant elle dans un salut respectueux, qui ne peut être que parodique, par lequel il fait mine de prendre congé, Lauren tout à coup relève la tête et tend une main en avant, dans le geste incertain de celui qui veut obtenir encore un instant d'attention, ou qui demande un dernier sursis, ou qui tente d'interrompre un acte irrévocable en train déjà de s'accomplir, disant lentement, d'une voix très basse : « Non. Ne partez pas... Je vous en prie... Ne partez pas tout de suite. » Sir Ralph s'incline de nouveau, sans changer de visage, comme s'il savait depuis toujours que les choses se passeraient ainsi : il attend cette phrase, dont il connaît à l'avance chaque syllabe, chaque hésitation, les moindres inflexions de la voix, et qui tarde un peu trop seulement à se faire entendre. Mais voici que déjà les mots attendus tombent un à un des lèvres de sa partenaire, qui sans doute a respecté les temps prescrits, cependant qu'elle relève enfin les yeux. « ... Je vous en prie... Ne partez pas tout de suite. » Et c'est à ce moment-là seulement qu'il peut quitter le plateau.

De discrets applaudissements, dans la salle, viennent saluer sa sortie, prévus eux aussi dans le déroulement normal du spectacle. Les lustres se rallument, pendant que le rideau se referme sur l'actrice demeurée seule en scène, tournée de profil vers les coulisses par où le héros vient de disparaître, pétrifiée dirait-on par son départ, gardant encore le bras à demi tendu et les lèvres entrouvertes comme si elle allait prononcer les paroles décisives qui changeraient le destin de la pièce, c'est-à-dire sur le point de céder, de s'avouer vaincue, de perdre son honneur, de triompher enfin.

Mais le premier acte est achevé, et le lourd rideau de velours rouge dont les deux pans se sont rejoints laisse à présent les spectateurs aux conversations particulières qui ont aussitôt repris leur cours. Après de rapides commentaires sur la nouvelle comédienne — qui figure au programme sous le nom de Loraine B —, chacun revient au sujet qui le préoccupe. L'homme qui est allé à Hong-Kong continue à parler des horribles sculptures ornant le jardin du Tiger Balm : après le groupe intitulé « L'Appât », il se met à décrire « L'Enlèvement d'Azy », monolithe de trois ou quatre mètres de hauteur qui représente un orang-outan gigantesque portant sur son épaule, où il la retient d'une main négligente, une belle fille grandeur nature, aux trois quarts dévêtue, qui se débat sans espoir tant ses dimensions sont dérisoires par rapport à celles du monstre ; courbée en arrière à la renverse, elle repose par le creux de la taille sur le pelage brun-noir (la statue est peinte de couleurs vives, comme toutes celles du parc) et ses longs cheveux blonds, défaits, pendent sur le dos voûté de la bête. Juste à côté s'élève l'épisode final des aventures d'Azy, reine infortunée de la mythologie birmane dont le corps... Le voisin du gros homme au teint rouge finit par perdre patience — d'autant plus que des spectateurs, devant eux, viennent de se retourner pour la seconde fois vers le bavard, afin de signifier leur mécontentement — et il lui demande de se taire. L'amateur de sculpture orientale se résout alors à regarder la scène, où se poursuit la représentation. La fin du premier acte approche : l'héroïne, qui avait gardé la bouche close et les paupières baissées pendant tout le discours de son partenaire (et jusqu'à la phrase finale : « Ce sera comme vous voudrez... J'attendrai aussi longtemps qu'il sera nécessaire... Et un jour... »), relève enfin le visage pour dire avec lenteur et véhémence, en regardant l'homme droit dans les yeux : « Jamais ! Jamais ! Jamais ! » Le bras nu de la jeune femme en robe blanche esquisse un geste de dédain, ou d'adieu, la main levée jusqu'au niveau du front, le coude à demi replié, les cinq doigts étendus et disjoints, comme si la paume s'appuyait à une invisible paroi de verre.

En m'approchant de quelques mètres encore, sur la terre molle qui étouffe le bruit des pas, je constate que l'homme, dont une branche basse dissumulait en partie les traits, n'est pas Johnson comme je l'avais cru d'abord, abusé par la douteuse clarté bleuâtre que répandent alentour les murs de la maison, mais ce jeune homme insignifiant avec lequel Lauren passe généralement pour fiancée (bien qu'elle le traite le plus souvent, sans souci du public, avec dureté ou indifférence) ; le garçon ne doit d'ailleurs se trouver là, ce soir, que pour cette raison, car il n'est guère un habitué des réceptions de Lady Ava. Sous le coup d'un congé aussi catégorique, qui vient d'être prononcé contre lui d'une voix sans appel, il semble maintenant s'affaisser sur lui-même : ses jambes fléchissent, son dos se courbe, sa main gauche se crispe sur la poitrine, l'autre main, étendue de côté, vers l'arrière, a l'air de chercher à tâtons un appui où se retenir, comme s'il craignait de perdre l'équilibre sous la violence du choc. Poursuivant mon chemin, je rencontre non loin de là, dans la même allée, un homme seul, assis sur un banc de pierre, immobile et penché en avant, regardant le sol à ses pieds. Ce banc étant situé dans une zone particulièrement sombre, sous un bosquet en auvent, il m'est difficile d'identifier le personnage avec certitude ; mais, sauf erreur, il doit s'agir de celui qu'on appelle ici familièrement « l'Américain ». Comme il paraît perdu dans ses pensées, je passe sans lui adresser la parole, sans tourner la tête vers lui, sans le voir.

J'arrive presque aussitôt dans la région des statues monumentales exécutées par R. Jonestone au siècle dernier, dont la plupart retracent les épisodes les plus fameux de l'existence imaginaire de la princesse Azy : « Les Chiens », « L'Esclave », « La Promesse », « La Reine », « L'Enlèvement », « Le Chasseur », « La Mise à mort ». Je connais ces figures depuis longtemps et ne m'attarde pas davantage à les contempler. L'obscurité est d'ailleurs trop épaisse, dans toute cette partie du jardin, pour que l'on distingue quoi que ce soit, parmi les vagues silhouettes qui se dressent çà et là sous les arbres, et dont quelques-unes sont aussi bien les premiers invités de Lady Ava.

Je gravis les marches du perron en même temps qu'un groupe de trois personnes venant de la grille d'entrée du jardin, une femme et deux hommes dont l'un n'est autre que ce Johnson que je croyais avoir aperçu rêvant à l'écart sur un banc de pierre. Ce n'était donc pas lui. A la réflexion, il ne pouvait s'agir que du fiancé de Lauren en train de remâcher sa défaite, de remettre en ordre les divers éléments de son existence, à présent réduite en poussière, d'en modifier peut-être quelque détail afin de parvenir à un autre dénouement, moins défavorable, et même d'en réexaminer les points jugés auparavant les plus positifs, les plus sûrs, à la lumière nouvelle de sa soudaine disgrâce qui jette sur eux aussi le doute et le discrédit. Dans le grand salon, Lady Ava est très entourée, comme il se doit, par les invités qui, dès leur entrée, se dirigent d'abord vers elle pour la saluer, ainsi que je le fais moi-même. Notre hôtesse se montre souriante et détendue, prononçant pour chacun une phrase d'accueil qui le touche ou le charme. Pourtant, aussitôt qu'elle m'aperçoit, elle les quitte tous avec brusquerie, vient jusqu'à moi en écartant ces corps importuns dont elle ne distingue même plus les visages, et m'entraîne loin de la foule dans une embrasure de fenêtre. Sa figure est changée : dure, fermée, lointaine. Je n'ai pas encore eu le temps de risquer une parole. « C'est une chose grave, dit-elle, que j'ai à vous apprendre : Edouard Manneret est mort. »

Je le sais déjà, bien entendu, mais n'en laisse rien paraître. Je compose mon attitude et ma physionomie sur les siennes et lui demande brièvement comment la chose est arrivée. Elle parle vite, d'une voix sans timbre que je ne lui connais pas, où perce du trouble et peut-être même de l'anxiété. Non, elle n'a rien pu savoir encore des circonstances du drame ; c'est un ami qui vient de lui téléphoner, et qui ignorait, lui aussi, où, quand et de quelle façon cela s'était passé. Lady Ava ne peut, du reste, prolonger davantage cet aparté, réclamée de tous côtés par ses hôtes. Elle se retourne d'un mouvement vif vers un couple de nouveaux arrivants qui s'approche et, détendue, souriante, parfaitement maîtresse du moindre de ses traits, les accueille d'un mot chaleureux de bienvenue : « Ah ! Mes amis, vous êtes donc là ! Je n'étais

pas sûre que Georges soit de retour à temps..., etc. »
Probablement y a-t-il d'autres personnes, dans cette
assistance joyeuse et sans souci, qui connaissent aussi
la nouvelle, certains même pour lesquels aucun détail
de l'affaire ne demeure un secret. Mais ceux-là,
comme les autres, parlent par petits cercles de choses
anodines : leurs chats ou leurs chiens, leurs servantes,
leurs trouvailles chez les antiquaires, leurs voyages,
ou encore les derniers potins concernant les amours
épisodiques des absents, ou les arrivées et départs
enregistrés à la colonie.

Les groupes se font et se défont au hasard des ren-
contres. Lorsque je me trouve à nouveau en présence
de la maîtresse de maison, elle m'adresse un sourire
amical et sans apprêt pour me demander si j'ai quelque chose à boire. « Non, pas encore, mais je m'en
occupe à l'instant », lui dis-je d'un ton heureux,
dépourvu d'arrière-pensée, et je me dirige vers le
buffet du grand salon. Ce sont des garçons en veste
blanche qui servent les boissons, ce soir, et non pas
les jeunes domestiques eurasiennes, comme il arrive
dans les réunions plus intimes. La nappe blanche
immaculée qui recouvre les trétaux, pendant jusqu'au
sol, est garnie de nombreux plats d'argenterie, sur-
chargés de sandwiches variés en miniature et de
petits fours. Trois hommes, en conversation animée,
boivent par petites gorgées les coupes de champagne
que le garçon vient de leur servir. Juste au moment
où j'arrive à portée de voix (ils parlent assez bas),
je saisis quelques mots de leur dialogue : « ... com-
mettre un crime aux ornements inutiles, baroques, et
c'est un crime nécessaire, non pas gratuit. Personne
d'autre... » Un instant je me demande si ces paroles
peuvent avoir un rapport quelconque avec la mort de
Manneret, mais cela semble, à la réflexion, tout à fait
improbable.

D'ailleurs, celui qui avait prononcé la phrase s'est
tu aussitôt. Je ne pourrais même pas préciser avec
certitude duquel des trois hommes il s'agissait, tant
ils se ressemblent par leur costume, leur taille, leur
maintien, leur expression. Aucun d'eux ne dit plus
rien. Ensemble, ils dégustent tranquillement leur
champagne, par petites gorgées. Et, quand ils repren-
nent leur conversation, c'est pour faire quelques
remarques sans intérêt sur la qualité des vins impor-
tés récemment de France. Tandis qu'ils s'éloignent,
je commande une coupe à mon tour ; le champagne
est en effet très sec, pétillant, mais sans parfum. Deux
autres invités s'approchent pour se faire donner à
boire. C'est là que se place la scène du serveur en
veste blanche se penchant pour ramasser à terre une
ampoule à piqûres, vide, et la déposant près de lui
sur le bord de la table.

L'orchestre a recommencé à jouer. La danse a
repris. Les couples sont nombreux, qui tournent en
cadence. Il y a beaucoup de jolies femmes, parmi
lesquelles j'en compte, ce soir, au moins cinq ou six
qui figurent au nombre des jeunes protégées de Lady
Ava. Celle-ci se trouve justement avec une fille que
je vois aujourd'hui pour la première fois, qui a de
beaux cheveux d'un blond doré, une bouche agréable
et une chair satinée, largement offerte aux regards par
le décolleté d'une robe laissant les épaules nues, ainsi
que le dos et la naissance de la gorge. Debout près
du canapé rouge où est assise son aînée, elle a l'air
d'une élève appliquée en train d'écouter les recom-
mandations de la maîtresse. Un homme de haute
taille, en smoking sombre, va jusqu'à elles et s'incline
devant Lady Ava, qui échange avec lui quelques mots
nonchalants ; puis elle désigne de la main droite la
jeune femme, faisant d'assez longs commentaires sur
sa personne, comme l'indiquent les gestes du bras se

déplaçant à différents niveaux, tandis que l'homme contemple sans rien dire l'intéressée qui baisse les yeux avec modestie. Obéissant à un signe qu'on vient de lui adresser, la fille exécute un tour sur elle-même, d'un mouvement souple de danseuse, mais assez lentement pour qu'on ait le temps de la voir sous toutes ses faces ; revenue dans sa position initiale, il me semble (mais c'est difficile de l'affirmer à cette distance) que son visage a légèrement rosi ; et, en effet, elle détourne un peu la tête de côté, dans ce qui pourrait être une expression de gêne, ou de pudeur. Lady Ava a dû lui demander aussitôt de ne pas se dérober ainsi, car elle ramène sans tarder le visage vers l'avant et relève même les paupières, montrant alors deux grands yeux encore élargis par un savant maquillage. Et voilà que Sir Ralph lui tend une main ; ce doit être pour l'inviter à danser, puisqu'ils se dirigent ensemble, maintenant, vers la piste. Je traverse cette partie du salon pour atteindre à mon tour le canapé jaune — ou plutôt à bandes jaunes et rouges, comme je le constate de plus près. Lady Ava est toujours tournée, de profil, dans la direction par où le couple vient de s'éloigner. Après un moment d'attente, et comme elle ne se décide pas à interrompre sa surveillance, je demande : « Qui est-ce ? » Mais elle ne me répond pas tout de suite et marque encore un temps avant de regarder vers moi, disant à la fin, avec un imperceptible plissement des yeux : « Là est la question. »

Je commence avec précaution : « N'est-elle pas... » Mais je m'arrête, mon interlocutrice ayant, à présent, l'air de penser à autre chose et de ne plus m'accorder qu'une attention de pure politesse. Ce morceau de musique qui dure depuis un certain temps, ou même depuis le début de la soirée, est une sorte de rengaine à répétitions cycliques, où l'on reconnaît toujours les mêmes passages à intervalles réguliers. « ... à vendre ? » dit Lady Ava, continuant ma phrase, et y répondant ensuite, quoique de façon très évasive : « J'ai déjà quelque chose pour elle, je crois.

— Tant mieux, dis-je. Intéressant ?

— Un habitué », dit Lady Ava.

Elle m'explique alors qu'il s'agit d'un Américain nommé Johnson, et je fais semblant de l'apprendre ici à l'instant de sa propre bouche (bien que je connaisse cette histoire depuis longtemps) et de ne même pas savoir au juste qui est le personnage en question. Notre hôtesse prend donc la peine de me le décrire et de me raconter rapidement l'affaire des champs de pavot blanc installés à la limite des Nouveaux Territoires. Ensuite elle a de nouveau la tête tournée vers la piste de danse, où l'on n'aperçoit plus ni l'homme ni sa cavalière. Et elle ajoute, comme pour elle-même : « La fille était sur le point d'épouser un gentil garçon, qui n'aurait jamais su quoi en faire.

— Et puis ? dis-je.

— Et puis c'est terminé », dit Lady Ava.

Un peu plus tard, le même jour, elle dit encore : « Vous la verrez ce soir dans la pièce, si vous assistez à la représentation. Elle s'appelle Lauren. »

Mais, entre-temps, il y a eu l'épisode du verre brisé dont les fragments de cristal jonchent le sol, et les danseurs qui se sont arrêtés, puis écartés lentement pour former un cercle assez lâche, contemplant sans rien dire avec effroi, avec horreur, comme si c'était un objet de scandale, les menus morceaux coupants où la lumière des lustres s'accroche en mille éclats, bleus et glacés, étincelants, et la servante eurasienne qui traverse le cercle sans rien voir, comme une somnambule, faisant craquer les débris dans le silence sous les semelles de ses fines chaussures, dont les lanières de cuir doré barrent de trois croix le pied nu et la cheville.

Et les couples qui continuent, comme si de rien n'était, les figures compliquées de la danse, la fille se tenant assez éloignée du cavalier qui la dirige à distance, sans avoir besoin de la toucher, la fait se retourner, marquer le pas, onduler des hanches sur place, pour ensuite — dans une vive volte-face — regarder de nouveau vers lui, vers ce regard sévère qui la fixe avec intensité, ou bien qui se perd au-delà, sans s'arrêter sur elle, par-dessus la chevelure blonde et les yeux verts.

Ensuite vient la scène de la vitrine de mode, à la devanture d'un élégant magasin de la ville européenne, à Kowloon. Cependant elle ne doit pas se situer immédiatement à cet endroit, où elle ne serait guère compréhensible, en dépit de la présence de cette même Kim qui se trouve également sur le plateau du petit théâtre où la représentation, qui se poursuit, en arrive maintenant aux quelques minutes précédant l'assassinat. L'acteur qui tient le rôle de Manneret est assis dans son fauteuil, à sa table de travail. Il écrit. Il écrit que la servante eurasienne traverse alors le cercle sans rien voir, faisant craquer les éclats de verre étincelants sous ses fines chaussures, dans le silence, tous les regards s'étant aussitôt tournés vers elle et la suivant comme fascinés, et elle se dirigeant de son pas de somnambule vers Lauren, et s'arrêtant devant la jeune femme prise d'épouvante, et restant à la dévisager sans indulgence pendant un temps très long, trop long, insupportable, et disant à la fin d'une voix nette, impersonnelle, qui ne laisse aucun espoir de fuite : « Venez. On vous attend. »

La danse alentour poursuit son cours normal, comme si tout cela se passait à l'autre bout du monde, emportée toujours dans un même rythme lent mais irrésistible, bien trop puissant pour que de tels drames, si violents soient-ils et si soudains, puissent venir l'interrompre ne fût-ce qu'une seconde, ou seulement en modifier la mesure. Les accidents se multiplient pourtant de toutes parts : un verre de cristal qui se brise sur le sol, une fille qui brusquement s'évanouit, une petite ampoule de morphine qui tombe de la pochette d'un smoking au moment où un invité en tirait son mouchoir de soie pour rafraîchir ses tempes moites, un long cri de douleur qui déchire le bourdonnement mondain du salon, la muette entrée en scène de l'une des servantes, un des grands chiens noirs qui vient de mordre une danseuse à la jambe, un mouchoir de soie blanche taché de sang, un inconnu qui tout d'un coup se tient devant la maîtresse de maison et lui tend à bout de bras une grosse enveloppe de papier brun que l'on croirait bourrée de sable, et Lady Ava qui, sans perdre son calme, prend l'objet d'une main rapide, le soupèse et le fait disparaître, tout comme a disparu en même temps le messager.

C'est juste à ce moment-là que la police anglaise a fait irruption dans le grand salon de la Villa Bleue, mais cet épisode a déjà été décrit en détail : le coup de sifflet strident et bref qui arrête net l'orchestre et le brouhaha des conversations, les talons ferrés des deux soldats en short et chemisette qui sonnent sur les dalles de marbre, dans le calme subit, les danseurs qui se sont figés au beau milieu d'une figure, l'homme restant une main tendue en avant vers sa cavalière encore à demi détournée, ou bien les deux partenaires se faisant face mais regardant de côtés différents, l'un à droite et l'autre à gauche, comme si leur attention avait été attirée au même instant par des événements diamétralement opposés, d'autres couples au contraire demeurant les yeux mutuellement fixés sur leurs chaussures, ou les corps soudés ensemble dans une étreinte immobile, et ensuite la fouille minutieuse de tous les invités, le long relevé de leurs nom, adresse, profession, date de naissance, etc., jusqu'à la phrase finale prononcée par le lieutenant, qui fait suite aux mots « ... crime nécessaire et non pas gratuit » et qui conclut : « Personne d'autre ne pouvait avoir intérêt à sa disparition.

— Vous prendrez bien une coupe de champagne », dit alors Lady Ava de son ton tranquille. A quelques mètres derrière elle, debout contre le chambranle d'une . embrasure de porte, telle une domestique bien stylée qui se tient prête à répondre au premier appel, corps rigide et visage de cire figé dans cette espèce de sourire impassible propre à l'Extrême-Orient, qui en réalité n'est pas un sourire, une des jeunes eurasiennes (c'est, je crois, celle qui ne s'appelle pas Kim) regarde sans ciller vers sa maîtresse. Paraissant ignorer l'incident, elle est, selon son habitude, attentive et absente, toute en sombres pensées peut-être derrière ses yeux droits et francs, présente au moindre signe, efficace, impersonnelle, transparente, perdue tout le jour aussi bien dans des rêves splendides et sanglants. Mais, lorsqu'elle regarde quelque chose ou quelqu'un, c'est toujours en se plaçant de face et les yeux grands ouverts ; et, quand elle marche, c'est sans tourner la tête à droite ni à gauche, vers le décor aux ornements baroques qui l'entoure, vers les hôtes qu'elle croise et dont pourtant elle connaît la plupart depuis plusieurs années, ou plusieurs mois, vers les visages des passants anonymes, vers les petites boutiques aux étalages bariolés de fruits ou de poissons, vers les caractères chinois des réclames et des enseignes dont elle au moins comprendrait le sens. Et, lorsqu'elle parvient, au bout de sa course, à la maison du rendez-vous, devant cet étroit et raide escalier sans rampe qui prend juste au ras de la façade, pour s'enfoncer directement vers des profondeurs sans lumière, et qui ressemble à toutes les autres entrées de la longue rue rectiligne, la servante fait un brusque quart de tour sur sa gauche et gravit sans une hésitation les marches incommodes, ne laissant même pas deviner la gêne causée par la jupe entravée de sa robe ; en quelques pas, elle a disparu dans l'obscurité totale.

Elle monte jusqu'au deuxième étage sans rien voir ou jusqu'au troisième. Elle frappe à une porte, trois coups discrets, et entre aussitôt sans attendre de réponse. Ce n'est pas l'intermédiaire qui se trouve là aujourd'hui pour la recevoir, c'est l'homme dont elle ne sait rien d'autre qu'un surnom : « le Vieux » (bien qu'il n'ait probablement que la soixantaine), et qui se nomme Edouard Manneret. Il est seul. Il tourne le dos à la porte par où elle vient de pénétrer dans la pièce et qu'elle a repoussée derrière elle, restant adossée à présent au battant refermé. Il est assis dans son fauteuil, à sa table de travail. Il écrit. Il ne prête aucune attention à la jeune fille, dont il semble même ne pas avoir remarqué l'arrivée, bien qu'elle n'ait pas pris de précautions particulières pour éviter de faire du bruit ; mais ses déplacements sont naturellement silencieux et il est possible que l'homme n'ait vraiment pas entendu que quelqu'un entrait. Sans rien tenter pour lui signaler sa présence, elle attend qu'il se décide à regarder vers elle, ce qui dure sans doute un temps assez long.

Mais elle est ensuite (sitôt après ou un peu plus tard ?) face à face avec lui, debout tous les deux dans un angle obscur de la pièce, immobiles et

muets ; et c'est la servante qui se trouve placée dos
au mur, comme si elle avait reculé jusque-là lentement, par méfiance ou par crainte du Vieux qui,
à deux pas d'elle, la domine de toute une tête. Et
maintenant elle se tient penchée au-dessus du bureau
d'où il n'a pas encore bougé ; elle a posé une main
en avant sur la garniture de cuir vert dont la surface
usée disparaît presque entièrement sous des papiers
en désordre, et de l'autre main — la droite — elle
se retient à la bordure en cuivre qui protège le pour-
tour du plateau d'acajou ; devant elle, l'homme, toujours assis dans son fauteuil, n'a même pas levé les
yeux vers sa visiteuse ; il regarde les doigts fins
aux ongles laqués de rouge qui reposent par leur
extrémité sur une page manuscrite, de format com-
mercial, couverte aux trois quarts seulement d'une
écriture très petite, régulière et serrée, sans rature ;
le mot que l'index de la servante a l'air de désigner
est le verbe « représente » (troisième personne du
singulier du présent de l'indicatif) ; quelques lignes
plus bas, la dernière phrase est restée en suspens :
« raconterait, à son retour d'un voyage »... Il n'a pas
trouvé le mot qui venait ensuite.

La troisième image le montre à nouveau debout ;
mais Kim, cette fois, est à demi étendue près de lui
sur le bord d'un divan aux tissus bouleversés. (Le
divan était-il déjà visible, auparavant, dans cette
pièce ?) La fille est toujours vêtue de sa robe-fourreau, fendue sur le côté à la mode chinoise, dont la
mince soie blanche, portée sans doute à même la
peau, fait à la taille une multitude de petits plis en
éventail, produits par la torsion très marquée qui
affecte le corps long et flexible. Un pied s'appuie
sur le plancher par la pointe de la chaussure à lanières ; l'autre pied, déchaussé mais encore gainé de son
bas transparent, repose sur l'extrême bord du mate-

las, la jambe, pliée au genou, se dégageant autant qu'il est possible de la jupe entravée, par son ouverture latérale ; la cuisse opposée (c'est-à-dire la gauche) s'applique de toute sa longueur par sa face externe, jusqu'à la hanche, sur les couvertures défaites, tandis que le buste se soulève sur un coude (le coude gauche) en se tournant vers le côté droit. La main droite, ouverte, s'étale sur le lit, paume offerte et doigts à peine recourbés. La tête est un peu renversée en arrière, mais le visage a gardé son masque de cire, son sourire figé, ses yeux grands ouverts, sa totale absence d'expression. Manneret, au contraire, a les traits tendus de celui qui observe avec une attention fiévreuse le déroulement d'une expérience, ou d'un forfait. Il ne bouge pas plus que sa partenaire dont il scrute la figure indéchiffrable, comme s'il attendait que s'y produise enfin quelque signe escompté, ou redouté, ou imprévisible. Il a une main qui s'avance, dans un geste retenu, prête peut-être à intervenir. De l'autre main il tient une coupe à pied en cristal très fin, dont la forme rappelle celle d'un verre à champagne, mais en plus petit. Il y a un reste de liquide incolore dans le fond.

Dans un dernier tableau, on voit Edouard Manneret gisant sur le sol, dans son costume de ville de teinte sombre qui n'accuse aucun désordre, entre le divan à l'impeccable ordonnance et la table de travail où la page commencée reste en suspens. Il est couché sur le dos de tout son long, les deux bras étendus de part et d'autre du corps, dont ils s'écartent légèrement, de façon symétrique. Dans toute la pièce, autour de lui, il n'y a trace ni d'effraction, ni de lutte, ni d'accident. L'arrêt de toute action se prolonge ainsi durant un temps notable, jusqu'au moment où la pendulette de cuir qui se trouve sur le bureau fait entendre, dans le silence, la sonnerie égale du réveil ; les spectateurs, qui reconnaissent cette fin, se mettent alors à applaudir, et ils se lèvent de leurs fauteuils, les uns après les autres, pour s'acheminer isolément ou par petits groupes vers la porte de sortie, vers l'escalier capitonné d'une épaisse moquette rouge, vers le grand salon où les attendent des rafraîchissements. Lady Ava, souriante et détendue, est très entourée, comme il est normal, chacun voulant présenter ses remerciements agrémentés de commentaires élogieux à la maîtresse de maison, avant de se retirer. M'ayant aperçu, elle m'aborde de son visage le plus ouvert, le plus anodin, paraissant avoir perdu tout souvenir des paroles graves qu'elle a prononcées quelques instants plus tôt, comme des événements qui motivaient son inquiétude, et disant de sa voix mondaine et tranquille : « Vous prendrez bien une coupe de champagne. » Je souris à mon tour, tout en lui répondant que je m'apprêtais justement à le faire, et, avant de me diriger vers le buffet, je la complimente sur le succès de sa soirée.

C'est donc là que se place, de nouveau, le dialogue entre le gros homme au teint rouge et son interlocuteur de haute taille, en smoking très foncé, qui incline un peu la tête pour écouter les histoires que l'autre lui raconte en levant vers lui son visage congestionné, sans plus s'occuper du plateau d'argent que lui présente le serveur en veste blanche. Le gros homme a pourtant la main tendue dans cette direction, mais il semble avoir complètement oublié la raison de son geste, et sa main elle-même qui demeure là, dans le vide, à vingt centimètres environ du verre plein jusqu'au bord, dont le garçon vient lui aussi d'abandonner la surveillance pour regarder ailleurs, et qui penche dangereusement.

La main du gros homme s'est, à la longue, un peu refermée sur elle-même, l'index, seul demeurant en extension et le majeur en flexion partielle. A ce doigt, gras et court comme tous les autres, il porte une grosse bague chinoise en pierre dure, dont le chaton, taillé avec art et minutie, représente une jeune femme à demi étendue sur le bord d'un sofa, un de ses pieds nus reposant encore à terre, le buste soulevé sur un coude et la tête renversée en arrière. Le corps souple qui se tord sous l'effet d'on ne sait quelle extase, ou quelle douleur, communique à la fine soie noire de la robe ajustée plusieurs séries de petits plis divergents : en haut des cuisses, à la taille, sur les seins, aux aisselles. C'est une robe traditionnelle, étroite et stricte, avec des manches longues serrées aux poignets et un petit col droit emprisonnant le cou ; mais, au lieu d'être fendue jusqu'au-dessus du genou seulement, elle est ici ouverte jusqu'à la hanche. (Son côté se trouve sans doute muni d'une invisible fermeture à glissière qui remonte jusque sous le bras, et peut-être même redescend sur la face interne de celui-ci jusqu'à la main.) La main droite, qui repose sur le lit défait, paume tournée vers le haut, retient encore mollement sous le pouce une petite seringue de verre garnie de son aiguille à piqûres. Une dernière goutte de liquide a coulé par la pointe creuse et taillée en biseau, laissant sur le drap une tache arrondie de la taille d'un dollar de Hong-Kong.

Manneret, qui n'a pas bougé de sa table de travail pendant toute la scène, s'étant contenté de tourner la tête pour observer le divan (il y avait donc bien un divan dans la pièce), l'épaule droite effacée en arrière et la main gauche posée sur l'accoudoir droit du fauteuil, reporte alors les yeux sur sa page d'écriture et sa plume sur la phrase interrompue ; après le mot « voyage », il écrit l'adjectif « secret » et s'arrête de nouveau. Kim, debout en face de lui, de l'autre côté du bureau d'acajou couvert de feuilles manuscrites placées dans tous les sens, par-dessus lesquelles sa poitrine se penche, la main aux ongles longs, laqués de rouge vif, reposant par le bout de trois doigts sur un petit espace de cuir vert, vieux et passé, encore visible au milieu des paperasses, la ligne de sa hanche — accusée par la posture asymétrique — se détachant à contre-jour sur le fond de store vénitien dont les lamelles sont presque closes, Kim se redresse, en tenant dans son autre main la grosse enveloppe de papier brun que l'homme vient de lui remettre (ou bien peut-être, seulement, de lui désigner sur la table d'un signe rapide du menton...). Et sans un mot, sans un salut, sans un geste d'adieu, elle se retire aussi silencieusement qu'elle était entrée, referme la porte sans bruit, traverse le palier, descend l'étroit escalier obscur, incommode, qui la ramène directement à la rue grouillante et surchauffée dans l'odeur d'œufs pourris et de fruits fermentés, parmi la foule des passants mâles ou femelles uniformément vêtus de pyjamas en toile noire, brillante et raide comme de la toile cirée.

La servante est toujours accompagnée par le grand chien, qui tire juste assez sur sa laisse pour que celle-ci demeure tendue et rectiligne, entre le collier de cuir et la main aux ongles vernis qui en tient l'autre extrémité à bout de bras. Dans la seconde main, il y a l'enveloppe brune, épaisse et ronde comme si on l'avait bourrée de sable. Et, un peu plus loin, il y a de nouveau le même balayeur municipal en bleu de chauffe, coiffé d'un chapeau en paille légère, à la forme de cône très aplati. Mais cette fois il ne jette pas le moindre regard de côté, au passage de la fille. Il est adossé à l'un des gros piliers carrés de la galerie couverte, sur lequel sont placardées une quantité de très petites affiches ; le manche du balai coincé sous un bras, le faisceau de paille de riz recourbé par l'usage couvrant en partie un de ses pieds nus, il tient à deux mains sous ses yeux le fragment de journal illustré, souillé de boue, qu'il a ramassé dans le ruisseau. Ayant suffisamment examiné le tableau multicolore ornant la page de couverture, il retourne la feuille ; ce côté-ci, beaucoup plus sali que l'autre, n'est en outre imprimé qu'en noir et blanc. La plus grande partie de la surface encore lisible y est occupée par trois dessins stylisés, l'un au-dessous de l'autre, représentant la même jeune femme aux pommettes hautes et aux yeux à peine bridés, située toujours à peu près dans le même décor (une chambre vide et pauvre, meublée d'un simple lit de fer) avec le même costume (une robe-fourreau noire, de coupe traditionnelle) mais de plus en plus altéré.

Le premier de ces dessins la montre à demi étendue sur le bord du lit aux draps défraîchis et bouleversés (buste soulevé sur un coude, robe entrouverte jusqu'à la hanche sur la chair nue, visage renversé en arrière dans un sourire extatique, main qui retient encore la seringue vide, etc.) ; mais un second décor se superpose au premier dans toute la partie supérieure du cadre, occupant ce qui paraît être le champ du regard de la fille : là se multiplient les éléments d'un luxe naïf et surchargé, tels que parois ornées de stuc, colonnes sculptées, glaces aux encadrements baroques, torchères de bronze à sujets fantastiques, étoffes aux plis lourds, plafonds peints dans le goût du XVIIIe siècle, etc. Dans le second dessin, toute cette richesse de pacotille s'est évanouie : il ne reste plus que l'étroit lit de fer sur lequel la fille se trouve à présent enchaînée par les quatre membres, couchée sur le dos dans une posture tordue et disloquée, qui doit indiquer les vains efforts tentés pour se libérer de ses liens ; dans ses mouvements convulsifs, sa robe s'est encore défaite davantage, la fente latérale est maintenant ouverte de bas en haut, découvrant un sein petit et rond (on peut donc constater ici que la fermeture à glissière se prolongeait jusqu'au cou, au lieu de redescendre le long de la face interne du bras, comme il avait été supposé d'abord sans grand souci de vraisemblance). Le troisième dessin est sans aucun doute symbolique : la fille n'y a plus ses chaînes, mais son corps inanimé, entièrement nu, est couché de travers sur le côté, moitié sur le lit où reposent·les bras et le buste, moitié sur le sol où traînent les longues jambes aux genoux fléchis ; la robe noire gît à terre, près d'une flaque de sang ; une gigantesque aiguille à piqûres, de la taille d'une épée, transperce le cadavre de part en part, pénétrant par le sein pour ressortir par derrière au-dessous de la taille.

Chaque image est accompagnée d'une courte légende, dont les gros caractères chinois signifient, respectivement et dans l'ordre : « La drogue est un compagnon qui vous trompe », « La drogue est un tyran qui vous réduit en esclavage », « La drogue est un poison qui vous tuera. » Malheureusement le balayeur ne sait pas lire. Quant au petit homme rond et chauve, à la face congestionnée, qui raconte l'histoire, il ne comprend pas le chinois ; tout en bas du dernier dessin, il a pu seulement déchiffrer quelques lettres et nombres occidentaux, très petits : « S. L. S. Tél. : 1-234-567. » Narrateur peu scrupuleux, qui semble ignorer le sens des trois initiales (Société pour la lutte contre les stupéfiants) et qui insiste au contraire sur l'attrait que peuvent présenter les illustrations pour un spécialiste, il affirme à son interlocuteur — d'ailleurs incrédule — qu'il s'agit là d'une publicité pour quelque maison clandestine de la basse ville, où l'on propose aux amateurs des plaisirs interdits et monstrueux qui ne sont pas seulement ceux de la morphine et de l'opium. Mais le serveur en petite veste blanche, qui a redressé son plateau afin de le présenter à l'horizontale, dit alors enfin : « Voilà, monsieur. » Le gros homme tourne la tête et considère un instant sa propre main restée en l'air, la bague de jade trop serrée boudinant le doigt du milieu, le plateau d'argent, la coupe pleine d'un liquide jaune pâle où de petites bulles montent lentement vers la surface ; ayant fini par comprendre où il se trouve et ce qu'il fait là, il dit : « Oh ! Merci. » Il saisit le verre de cristal, le vide d'un trait, le repose maladroitement, sans faire attention, trop au bord du plateau resté tendu vers lui. Le verre bascule et choit sur les dalles de marbre où il se brise en mille éclats. Ce passage a déjà été rapporté, il peut donc être passé rapidement.

Non loin de là, Lauren est en train justement de rattacher sa chaussure, dont les lanières se sont défaites au cours de la danse. Feignant d'ignorer le regard que Sir Ralph a posé sur elle, la jeune femme s'est assise sur le bord d'un canapé, où s'étale sa longue jupe bouffante. Elle se tient courbée en avant, jusqu'à terre, pour atteindre de ses mains le pied qui pointe sous l'étoffe blanche. La fine chaussure, dont l'empeigne se limite à un étroit triangle de cuir doré qui cache à peine le bout des orteils, est maintenue en place par deux longues lanières qui s'entrecroisent sur le cou-de-pied et autour de la cheville, au-dessus de laquelle une petite boucle les fixe l'une à l'autre. Dans l'attention que Lauren porte à cette opération délicate, la chevelure blonde renversée se déplace et découvre davantage la nuque qui se courbe et la chair fragile, au duvet plus pâle encore que la chevelure blonde, qui se déplace et découvre davantage la nuque qui se courbe et la chair fragile au duvet plus pâle que le reste de la nuque qui se courbe et la chair fragile qui se courbe davantage et la chair...

On dirait que tout s'est arrêté. Lauren rattache les lanières dorées de sa chaussure. Johnson la regarde, placé en retrait à quelques mètres d'elle, dans l'embrasure d'une fenêtre aux rideaux fermés. Le gros homme au teint rouge a perdu le fil de son récit quand la coupe à champagne s'est brisée sur le sol, et il lève à présent ses yeux injectés de sang — où se lit comme de la panique, ou comme du désespoir — vers l'Américain de haute taille qui penche sur lui son visage muet, ne cherchant plus même à cacher que, depuis un certain temps déjà, il pense à tout autre chose. Edouard Manneret, à sa table de travail, gomme avec soin le mot « secret », de manière à n'en laisser subsister aucune trace sur la feuille de papier, puis il écrit à la place le mot « lointain ». Lady Ava, assise solitaire sur son canapé aux couleurs indéfinies, a pris tout à coup une figure fatiguée, fanée, lasse de lutter pour maintenir une apparence qui ne trompe plus personne, sachant trop bien à l'avance tout ce qui va arriver : la rupture brutale du mariage de Lauren, le suicide de son fiancé près du bosquet de ravenalas, la découverte par la police du petit laboratoire à héroïne, la liaison vénale et passionnée entre Sir Ralph et Lauren, celle-ci exigeant de rester une simple pensionnaire de la Villa Bleue et n'acceptant de le rencontrer que dans une des chambres du deuxième étage, réservées à ce commerce, où elle s'est livrée à lui pour la première fois, et lui ne trouvant d'abord qu'une sorte de plaisir supplémentaire à cette situation et s'ingéniant à payer de plus en plus cher des services de plus en plus exorbitants, et elle se prêtant à tout avec exaltation, mais ne manquant jamais de réclamer ensuite les sommes dues, conformément à leurs accords et selon les barèmes en usage dans la maison, tenant ainsi à affirmer en chaque occasion son état de prostituée, bien qu'elle refuse en même temps — toujours d'ailleurs selon les mêmes accords — toutes les autres propositions transmises pour la forme par Lady Ava, sur l'album de qui elle continue néanmoins de figurer comme une des filles à la disposition de n'importe quel riche client, Sir Ralph, loin de s'en plaindre, appréciant là aussi en connaisseur quelque chose d'humiliant pour sa maîtresse, d'excessif et de cruel. Mais voilà qu'il lui demande de renoncer encore à cela, d'abandonner cette situation qui n'est qu'un prétexte, de tout quitter pour partir avec lui. Il doit retourner à Macao pour ses affaires et ne peut plus se passer de la voir, même un seul jour, ne fût-ce que dans les salles de réception de la Villa Bleue, au hasard des bals, ou sur la scène du petit théâtre où elle continue de tenir le rôle de l'héroïne dans cette pièce de Jonestone intitulée : « L'Assassinat d'Edouard Manneret », et de jouer dans quelques autres drames, saynètes ou tableaux vivants.

Il veut donc l'emmener à Macao, l'installer chez lui, dans sa propre demeure. Mais elle refuse, naturellement, comme il s'y attendait sans doute : « Quelle raison aurais-je de partir ? » demande-t-elle en plissant un peu ses paupières fardées de bistre sur ses yeux verts. Elle se trouve bien ici. Lui n'a qu'à s'en aller s'il veut. Il ne manque pas de vieux milliardaires à Kowloon et à Victoria pour le remplacer. De toute façon, elle n'a aucune envie d'aller s'enterrer dans cette petite ville de province où l'on s'ennuie à mourir en jouant à la roulette russe, et où l'on parle portugais. Elle est étendue sur le dos dans les fourrures et le satin noir du lit à colonnes et regarde, au-dessus d'elle, le ciel agrémenté d'un miroir dans lequel son corps se reflète, conservant depuis le début de la scène la pose exacte de la Maïa, qui est un tableau célèbre de Manneret et la déesse de l'illusion. Sir Ralph, qui a terminé son discours, fait les cent pas de long en large, à travers toute la grande chambre, passant alternativement à droite et à gauche du lit carré, sans même jeter un regard à l'objet de ses exigences, qui s'y étale pourtant dans tout l'éclat du rose et du blond. De temps à autre, il prononce encore quelques paroles, mais inutiles : arguments dont il s'est déjà servi dix fois, reproches hors de propos dans leur situation réciproque, promesses qu'il sait très bien lui-même ne pas pouvoir tenir. Elle n'écoute plus. Elle ramène un pan de soie noire sur une de ses hanches, le haut des cuisses et la moitié du ventre, comme si elle avait froid, bien que la chaleur qui règne dans la chambre, ce soir, soit accablante. Sir Ralph, qui a gardé son smoking et sa cravate, a l'air au bord de l'épuisement. « Vous ne m'aimez donc pas du tout ? » demande-t-il à bout de ressources. « Mais, dit-elle, il n'en a jamais été question. »

Alors il lui propose de l'argent, beaucoup d'argent. Avec un sourire elle demande combien. Il lui donnera ce qu'elle voudra. « Très bien », dit-elle, et elle fixe aussitôt le chiffre, avec la tranquille assurance de celle qui aurait depuis longtemps fait le calcul de ce que valait cette acceptation. Et, pour que le marché soit valable, il lui faut encore que ce prix soit payé dans la nuit même, avant le lever du jour. C'est une somme considérable, beaucoup plus élevée que ce qu'il peut réunir en aussi peu de temps. Johnson néanmoins ne proteste pas. Il s'arrête de marcher, brusquement, et tourne enfin les yeux vers le lit comme s'il y découvrait à l'instant la présence de la jeune femme. Il la considère un long moment, en silence, mais on dirait que son regard la traverse sans rien voir. Lauren a tourné vers lui sa tête, qui repose toujours sur les coussins. Très lentement, d'une main souple et gracieuse, elle fait glisser la soie noire sur sa hanche et la repousse complètement de côté, voulant sans doute que son amant prenne une décision en connaissance de cause et qu'il puisse, entre autres choses, estimer la valeur des marques encore visibles sur sa chair.

Le regard de Sir Ralph reste cependant immobile et lointain, paraissant continuer de passer au travers de Lauren et apercevoir, au-delà, quelque objet fascinant, quelque scène imaginaire. Puis il dit : « Je le ferai », sans que l'on puisse savoir exactement s'il parle du paiement et de son échéance, ou bien d'un autre projet ; sortant alors de son rêve, il rencontre enfin les grands yeux verts, brûlants, tendus, glacés, déraisonnables. Il tente un instant de s'y raccrocher, mais, soudain résolu, il ordonne d'une voix sans réplique : « Attendez-moi ici », il se dirige vers la porte, fait jouer le verrou, ouvre le battant d'un geste rapide, quitte la pièce.

Et maintenant il traverse à grands pas le parc nocturne, et maintenant il est dans un taxi qui roule trop lentement vers Queens Road, et maintenant il monte un escalier sans lumière, étroit et raide. Et maintenant il se penche, par-dessus un bureau chargé de papiers en désordre, vers un Chinois sans âge assis devant lui, ou plutôt en dessous de lui, dont le visage ridé conserve un calme poli face à cet énergumène en smoking qui parle vite, gesticule et menace. Maintenant Sir Ralph gravit un escalier de nouveau, identique au premier, qui va d'un étage à l'autre en une seule volée rectiligne, sans rampe où se retenir malgré l'étroitesse et la hauteur des marches. Et maintenant il est dans un taxi qui roule trop lentement vers Queen Street. Et maintenant il frappe contre un volet de bois, à la porte d'une très petite boutique où se lit, à la lumière pâle d'un bec de gaz, le mot « Change » écrit en sept langues. Il frappe de ses deux poings, à coups redoublés, faisant résonner la rue déserte d'un roulement sourd, au risque d'ameuter tout le quartier. Comme personne ne répond, il colle sa bouche à la jointure mal close du volet, et il appelle : « Ho ! Ho ! Ho ! », ce qui est peut-être le nom du personnage qu'il cherche à réveiller. Puis il tambourine de nouveau, mais avec déjà moins de violence, comme quelqu'un dont l'espoir s'affaiblit.

Rien n'a bougé d'ailleurs, aux alentours, en dépit du vacarme, aucun signe de vie ne s'est manifesté ; tout ce décor, aussi bien, serait vide, sans profondeur, sans plus de réalité qu'un cauchemar ; cela expliquerait le son mat et faux rendu par le panneau de bois. Johnson, à ce moment, remarque un vieil homme en pyjama de toile cirée noire, qui est assis dans un angle rentrant de la façade, à une maison de distance. Il va aussitôt vers lui, il court vers lui plus exactement, et il lui crie quelques mots en anglais, pour savoir s'il n'y a personne dans cette boutique. Le vieillard se met à donner de longues explications, d'une voix lente, dans une langue qui doit être le cantonais mais qu'il prononce d'une manière si peu distincte que Johnson n'en saisit pas la moindre phrase. Il répète sa question en cantonais. L'autre répond avec la même lenteur et la même abondance ; son discours cette fois ressemble

davantage à de l'anglais, bien que seul le mot
« wife » y soit reconnaissable, revenant même à plusieurs reprises. Johnson, qui s'impatiente, demande
au vieux ce que sa femme vient faire là-dedans.
Mais le Chinois se lance alors dans une nouvelle
série de commentaires incompréhensibles, d'où ce
mot a tout à fait disparu. Aucun geste, aucune
expression de son visage ne vient suppléer au sens
défaillant. L'homme reste assis par terre sans bouger, le dos appuyé au mur, les deux mains croisées
sur les genoux. Il y a quelque chose de désespéré
dans sa voix. L'Américain, que ce débit de lamentations exaspère, commence à secouer son interlocuteur en se penchant sur lui pour le tenir par les épaules. Le vieux se dresse d'un bond et pousse des cris
perçants avec une énergie imprévue, tandis que,
juste à cet instant, la sirène d'une voiture de police
s'élève à quelques rues de là ; le hurlement s'approche avec rapidité, montant et descendant en une
modulation cyclique qui se maintient dans des notes
très aiguës.

Johnson lâche le vieillard et s'éloigne d'un pas
vif, pour se mettre bientôt à courir, poursuivi par
les cris du Chinois, debout au milieu de la chaussée,
faisant de grands gestes des deux bras dans sa direction. D'après le bruit de la sirène, la voiture de
police doit sûrement venir de ce côté. Johnson se
retourne à demi, tout en courant, et aperçoit les feux
jaunes ainsi que le phare rouge à éclairs périodiques
qui surmonte le toit. Il prend sur sa gauche une rue
perpendiculaire — c'est-à-dire du côté où elle
monte — avec l'espoir évident d'atteindre des escaliers avant d'être rejoint par l'automobile, qui ne
pourra donc le poursuivre plus loin. Mais celle-ci,
ayant pris le virage à sa suite, l'a déjà rattrapé.
Adoptant l'attitude, bien qu'un peu tard et sans

beaucoup de naturel, du passant qui n'a rien à se reprocher, il s'arrête dès la première sommation ; trois policiers anglais sautent de voiture et l'entourent ; ils ont l'air surpris et favorablement impressionnés par sa tenue de soirée. Ils sont en short et chemisette kaki, souliers bas et chaussettes blanches. Johnson croit reconnaître dans le lieutenant celui qui a fait irruption le soir même dans le grand salon de la Villa Bleue ; les deux gendarmes qui l'accompagnent sont aussi, probablement, ceux qui ont troublé la fin de la réception. Johnson, prié de montrer ses papiers, présente son passeport portugais qu'il tire d'une poche intérieure de sa veste.

« Pourquoi couriez-vous ? » demande le lieutenant.

Sur le point de répondre machinalement : « Pour me réchauffer », Johnson se ravise à temps, pensant à la température tropicale, à son smoking noir trop épais, à son visage en sueur. « Je ne courais pas, dit-il, je marchais vite.

— Il m'avait semblé que vous couriez, dit le lieutenant. Et pourquoi marchiez-vous si vite ?

— J'étais pressé de rentrer.

— Ah bien », dit le lieutenant. Puis après un regard vers le haut de la rue, où de larges escaliers, couverts de détritus, se perdent entre des grandes masures en bois de plus en plus misérables, il ajoute : « Où habitez-vous ?

— A l'hôtel Victoria. »

L'hôtel Victoria n'est pas situé à Victoria, ni même dans l'île de Hong-Kong, mais à Kowloon, sur la terre ferme. Le policier feuillette le passeport ; le domicile qui s'y trouve indiqué est à Macao, naturellement. Le policier regarde aussi la photo et considère ensuite le visage de l'Américain, pendant près d'une minute.

66

« C'est vous ça ? dit-il à la fin.

— Oui, c'est moi, répond Johnson.

— Ça ne vous ressemble pas. » C'est de l'image qu'il parle, bien entendu, et non pas de sa figure.

« Ce n'est peut-être pas une très bonne photo, dit Johnson. Et elle n'est pas toute récente. »

Le lieutenant, ayant inspecté de nouveau, longuement, le visage et la photographie, puis le signalement détaillé, qu'il lit en s'aidant de sa lampe de poche et compare ensuite au modèle, finit par rendre le passeport, mais en déclarant :

« Ça n'est guère le chemin pour l'hôtel Victoria, vous savez. Le bac est juste dans la direction opposée.

— Je ne connais pas bien la ville », dit Johnson.

Le lieutenant le contemple encore un instant sans rien dire, promenant à présent le faisceau de sa lampe sur le front, les yeux, le nez, dont il modifie ainsi les contours et l'expression. Puis il constate d'un ton indifférent (ce n'est en tout cas pas une question) : « Vous étiez tout à l'heure chez madame Eva Bergmann. » Johnson, qui s'attend à cette remarque depuis le début de l'entretien, se garde bien de nier.

« Oui, dit-il en effet.

— Vous êtes un habitué de la maison ?

— J'y suis allé plusieurs fois.

— On s'y amuse, paraît-il.

— Ça dépend des goûts.

— Vous avez une idée de ce que la police y cherchait ?

— Non. Je ne sais pas.

— Pourquoi ce vieillard criait-il, au milieu de la rue ?

— Je ne sais pas. Mais vous pourriez le lui demander.

67

— Pourquoi preniez-vous une rue qui monte, si vous vouliez rejoindre le port ?

— Je vous ai dit que je m'étais perdu.

— Ce n'est pas une raison pour chercher un bateau en haut d'une montagne.

— Hong-Kong est une île, n'est-ce pas ?

— Oui, bien sûr, l'Australie aussi. Vous êtes venu à pied depuis la maison de madame Bergmann ?

— Non, en taxi.

— Pourquoi le taxi ne vous a-t-il pas déposé à l'embarcadère ?

— Je me suis fait arrêter dans Queens Road. Je voulais marcher un peu.

— La réception est finie depuis longtemps. Vous avez marché pendant combien d'heures ? » Mais sans attendre de réponse, le lieutenant ajoute : « Au train où vous alliez, vous avez dû faire du chemin ! » Puis, de la même voix qui n'attache pas à tout cela beaucoup d'importance : « Vous connaissiez Edouard Manneret ?

— De nom seulement.

— Par qui en avez-vous entendu parler ?

— Je ne me rappelle plus.

— Et que vous en a-t-on dit ? »

Johnson ébauche un geste vague de la main droite, accompagné d'une moue d'incertitude, d'ignorance et de désintérêt. Le lieutenant reprend :

« Vous n'avez pas été en affaires, plus ou moins indirectement, avec lui ?

— Non. Sûrement pas. Que fait-il au juste ?

— Il est mort. Vous le saviez ? »

Johnson joue l'étonnement : « Ah non ! Pas du tout... Dans quelles circonstances ? » Mais le policier insiste :

« Vous êtes sûr de ne l'avoir jamais rencontré, à

68

la Villa Bleue, ou dans des endroits de ce genre ?

— Non. Non... Je ne crois pas. Mais de quoi est-il mort ? Et depuis quand ?

— Ce soir même. Il s'est suicidé. »

Le lieutenant sait bien, de toute évidence, qu'il ne s'agit pas d'un suicide. Johnson flaire le piège et ne fait pas la moindre remarque qui puisse laisser supposer que cette version lui paraît contestable, ne serait-ce que pour des raisons de psychologie, à cause du caractère de Manneret. Johnson croit plus sage de se taire et de s'enfermer dans une sorte de recueillement, qu'il estime de circonstance. Une chose, en outre, l'inquiète : pourquoi la voiture de police a-t-elle continué droit sur lui, au lieu de s'arrêter à ce vieillard hurlant qui se trouvait en travers de sa route ? D'autre part, puisque ce lieutenant semble s'occuper tant de l'affaire Manneret, qu'a-t-il fait entre son départ de la Villa Bleue et cette patrouille inopinée, toujours effectuée en compagnie des deux mêmes soldats ? L'un de ceux-ci est retourné s'asseoir à son volant dès les premières phrases de l'interrogatoire, jugeant sans doute que le suspect n'était pas dangereux. Le second s'est immobilisé à deux pas de son chef, prêt à intervenir si l'occasion s'en présentait. Le lieutenant, après un silence assez long, dit encore (et sa voix est de plus en plus indifférente, détachée de ce qu'elle raconte, comme s'il se parlait à lui-même d'une très vieille histoire) : « Ralph Johnson, c'est un drôle de nom pour un Portugais de Macao... Il y a un Ralph Johnson qui habite les Nouveaux Territoires, mais il est américain... Il a planté du chanvre indien et du pavot blanc... des petites surfaces... Vous n'en avez jamais entendu parler ?

— Non, jamais, dit l'Américain.

— Tant mieux pour vous. Il a été mêlé récemment à une vilaine affaire de trafic de mineures. Et c'est un agent communiste... Vous devriez faire mettre sur votre passeport une photographie qui vous ressemble davantage... » Puis, changeant brusquement de ton, il demande à brûle-pourpoint, en relevant les yeux sur son interlocuteur : « A quelle heure êtes-vous arrivé, ce soir, chez celle que vous appelez Lady Ava ? »

Sans s'appesantir sur le fait que Lady Bergmann n'a pas encore été désignée sous ce nom pendant tout leur dialogue, Johnson, qui a eu le temps de se préparer à cette question, commence aussitôt le récit de sa soirée : « Je suis arrivé à la Villa Bleue vers neuf heures dix, en taxi. Un parc à la végétation dense entoure de tous les côtés l'immense maison de stuc, dont l'architecture surchargée, la répétition exagérée de motifs ornementaux non fonctionnels, la juxtaposition d'éléments disparates, la couleur inhabituelle surprennent toujours, lorsqu'elle apparaît au détour d'une allée dans son encadrement de palmiers royaux. Comme j'avais l'impression d'être un peu en avance, c'est-à-dire de me trouver parmi les premiers invités à franchir la porte, sinon le premier puisque je ne voyais personne d'autre, j'ai préféré ne pas entrer tout de suite et j'ai obliqué vers la gauche pour faire quelques pas dans cette partie du jardin, la plus agréable. Seuls les alentours immédiats de la maison sont éclairés, même les jours de réception ; très vite, d'épais massifs viennent couper la lumière des lanternes, et jusqu'à la lueur bleue renvoyée par les parois de stuc. On ne distingue bientôt plus que la forme générale des..., etc. »

Je passe aussi sur le bruit des insectes, déjà signalé, et sur la description des statues. J'en arrive tout de suite à la scène de rupture entre Lauren et son fiancé. Et, comme le lieutenant me demande le nom de ce personnage, qui n'a pas encore été mentionné, je réponds à tout hasard qu'il s'appelle Georges.

« Georges quoi ? dit-il.

— Georges Marchat.

— Et que fait-il ? »

Je réponds du tac au tac : « Négociant.

— Il est français ?

— Non, hollandais, je crois. »

Il est assis, solitaire, sur un banc de marbre blanc, sous une touffe de ravenalas, dont les feuilles en forme de larges feuilles en forme de larges mains retombent en éventail tout autour de lui. Il se penche en avant. Il a l'air de considérer ses chaussures vernies, un peu plus sombres sur le fond de sable clair. Ses deux mains sont appuyées au bord de la pierre, de part et d'autre du corps. M'approchant davantage, tout en continuant mon chemin le long de l'allée, je m'aperçois que le jeune homme tient un pistolet dans sa main droite, l'index déjà posé sur la détente, mais le canon dirigé vers le sol. Cette arme va d'ailleurs lui causer bien des ennuis, un peu plus tard, lors de la fouille générale des invités par la police.

Ensuite, rien de notable ne s'est passé jusqu'au moment où la maîtresse de maison m'apprend — ou plutôt croit m'apprendre — que Manneret vient d'être assassiné. Elle me demande ce que je compte faire. Je lui dis que la nouvelle me prend au dépourvu, mais que, très probablement, je serai obligé de quitter le territoire anglais de Hong-Kong et de rentrer à Macao, pour un temps assez long, peut-être même définitivement. La soirée néanmoins se déroule comme prévu. Les gens parlent de n'importe quoi, dansent, boivent du champagne, cassent des verres et mangent des petits fours. A onze heures un quart, le rideau se lève sur la scène du petit théâtre. Dans la salle, presque tous les fauteuils de peluche rouge

71

sont occupés — par des hommes principalement — une trentaine de personnes en tout, choisies avec soin sans aucun doute, puisqu'il s'agit aujourd'hui d'un spectacle pour initiés. (La plupart des invités de la réception sont partis, ne sachant même pas qu'il doit se passer quelque chose au sous-sol.) La représentation commence par un jeu de déshabillage à la mode du Seu-Tchouan. L'actrice est une jeune Japonaise que les habitués ne connaissent pas encore ; elle excite par conséquent la curiosité du public. Elle est d'ailleurs excellente de tous les points de vue, et le numéro, bien que traditionnel, remporte un assez vif succès ; personne, même, ne trouble la cérémonie, comme cela arrive trop souvent, par des allées et venues gênantes ou des bavardages intempestifs.

Le programme comporte ensuite un divertissement dans le style du Grand-Guignol, qui s'intitule « Meurtres rituels » et fait largement appel aux trucages de circonstance : instruments à lame rentrante, encre rouge répandue sur la chair blanche, cris et contorsions des victimes, etc. Le décor est resté le même que pour le premier tableau (un vaste cachot voûté où l'on descend par un escalier de pierre) ; il nécessite seulement quelques accessoires complémentaires tels que roues, croix ou chevalets ; les chiens en revanche n'y ont aucune part. Mais le clou de la soirée est sans conteste un long monologue, joué par Lady Ava elle-même, seule en scène depuis le début jusqu'à la fin de l'acte. Le terme de monologue ne convient du reste pas tout à fait, car il y a peu de paroles prononcées au cours de cette petite pièce dramatique. Notre hôtesse y tient son propre rôle. Dans le costume où l'on vient de la voir pendant la réception, elle fait son entrée, maintenant, par la grande porte du fond (une porte à deux battants), dans un décor extraordinairement réaliste qui reproduit de façon parfaite sa propre chambre à coucher, située comme le reste de ses appartements personnels au troisième et dernier étage de l'immense maison. Saluée par des applaudissements soutenus, Lady Ava s'incline brièvement face à la rampe. Puis elle se retourne vers la porte, dont elle n'avait pas encore lâché la poignée, la referme, et demeure un instant à écouter quelque bruit au dehors (imperceptible pour les spectateurs) en tendant l'oreille vers le panneau mouluré, mais sans appliquer la joue contre le bois. Elle n'a rien perçu d'inquiétant sans doute, puisqu'elle abandonne bientôt cette attitude pour s'approcher du public, qu'elle ne voit plus désormais, bien entendu. Elle fait ensuite quelques pas vers la gauche, mais des pas de plus en plus indécis, semble réfléchir, change d'idée, retourne à droite, se dirige obliquement vers le fond de la pièce, pour revenir presque aussitôt du côté de la salle. Elle est visiblement désemparée, son visage est las, usé, vieilli, toute la tension mondaine de la réunion tombée d'un seul coup. S'étant arrêtée à proximité d'une petite table ronde, couverte d'un tapis de drap vert qui retombe de tous côtés jusqu'au sol, elle se met à ôter machinalement ses bijoux : un épais collier d'or, un bracelet assorti, une grosse bague à brillant, deux boucles d'oreille, qu'elle dépose l'un après l'autre dans une coupe de cristal. Et elle reste là, debout malgré sa fatigue, une main abandonnée sur le bord de la table, l'autre bras pendant le long du corps. Une des jeunes servantes eurasiennes entre alors sans bruit par le côté gauche et s'immobilise à quelque distance de sa maîtresse, qu'elle regarde en silence ; elle porte un pyjama de soie mordorée, dont la forme est plus ajustée qu'il n'est d'usage pour ce genre de vêtement. Lady Ava

73

tourne son visage vers la fille, un visage tragique avec des yeux si épuisés qu'ils paraissent se poser sur les choses sans les voir. Elles ne disent rien ni l'une ni l'autre. Les traits de Kim sont lisses et indéchiffrables, ceux de Lady Ava tellement à bout de force qu'ils n'expriment plus rien. Il y a peut-être de la haine de part et d'autre, ou de la terreur, ou de l'envie et de la pitié, ou de l'imploration et du mépris, ou n'importe quoi d'autre.

Et maintenant la servante — sans que rien n'ait bougé dans l'intervalle — se retire comme elle est venue, belle et muette, souple, silencieuse. La dame n'a pas eu un mouvement, comme si elle ne l'avait même pas vue partir. Et ce n'est qu'après encore un temps notable qu'elle reprend elle-même ses allées et venues à travers la chambre, errant d'un meuble à l'autre sans se décider à quoi que ce soit. Sur l'abattant baissé du secrétaire, posée au milieu de feuilles blanches manuscrites, il y a l'épaisse enveloppe de papier brun, bourrée comme de sable, qu'on lui a remise ce soir : elle la soupèse, mais pour la reposer presque immédiatement. Enfin elle va s'asseoir sur un petit siège rond, sans bras ni dossier, qui ressemble à un tabouret de piano, devant la coiffeuse à miroir. Elle s'observe dans la glace avec une lente attention — de face, de trois quarts droit, de trois quarts gauche, encore de face — puis commence à se démaquiller avec application, dos à la salle.

Lorsqu'elle a terminé et qu'elle laisse apercevoir à nouveau sa figure, elle est métamorphosée : de femme sans âge et trop fardée, elle est devenue une vieille femme. Mais on la dirait moins exténuée, en revanche, moins absente, presque rassérénée. D'un pas plus ferme, elle retourne jusqu'au secrétaire, et ouvre avec une lame de canif la grosse enveloppe

74

brune, qu'elle vide sur les feuilles éparses : une
grande quantité de petits sachets blancs, tous semblables, y tombent en désordre ; elle se met à les
compter rapidement ; il y en a quarante-huit. Elle
prend un des sachets, au hasard, en déchire un coin
et, sans l'ouvrir davantage, fait glisser par l'orifice
ainsi pratiqué un peu de son contenu sur une des
feuilles manuscrites, qu'elle tient de l'autre main.
C'est une poudre blanche, fine et brillante, qu'elle
observe avec soin en la plaçant devant ses yeux,
mais reculant un peu la tête vers l'arrière en même
temps. Satisfaite par son examen, elle réintroduit
les parcelles de poudre dans le sachet, par son étroite
ouverture, en maintenant la feuille de papier courbée
en forme d'entonnoir sommaire. Pour clore ensuite
le sachet blanc, elle replie le coin déchiré, plusieurs
fois, sur lui-même. Elle range ce sachet dans l'un
des petits tiroirs intérieurs du secrétaire. Elle remet
les autres dans l'enveloppe brune, tout en les recomp-
tant, et replace l'ensemble sur l'abattant, là où elle
l'a trouvé. La feuille de papier qui vient de lui servir
est restée un peu déformée par l'opération. Lady
Ava la roule à contresens, afin de lui rendre sa platitude primitive ; son attention est alors attirée par ce
qui est écrit sur la page, dont elle relit quelques
lignes.
   Conservant la feuille en main et tout en poursuivant sa lecture, elle se dirige à présent vers le lit,
un grand lit carré à colonnes, qui est situé dans une
alcôve à l'autre bout de la vaste pièce, et elle sonne.
La jeune domestique reparaît, exactement dans la
même tenue que la première fois, faisant aussi peu
de bruit et s'immobilisant à la même place. Lady
Ava, qui s'est à moitié assise sur le bord du lit,
l'inspecte en détail du haut en bas, s'attardant sur
la gorge, la taille, les hanches, moulées dans la soie

lâche et souple, pour remonter jusqu'au visage doré, aussi net que de la porcelaine, à la petite bouche vernie, aux yeux d'émail bleu découpés en amandes, aux cheveux très noirs, tirés sur les tempes pour dégager les fines oreilles et former sur la nuque une grosse natte courte, brillante, assez mollement tressée pour qu'elle se défasse, dans le lit, dès que l'on tire sur le petit ruban qui en noue l'extrémité. Si le regard de la maîtresse s'est fait plus précis, et même insistant, celui de la servante n'a pas changé depuis tout à l'heure ; il est toujours aussi impersonnel et vide.

« Tu as vu Sir Ralph, ce soir », commence Lady Ava. Kim se contente d'un presque imperceptible hochement de tête — sans doute affirmatif — en guise de réponse, la dame poursuivant son monologue sans la quitter des yeux, mais ne marquant aucun étonnement de ne pas obtenir d'elle la plus petite parole, même quand une question lui a été posée de façon catégorique : « Est-ce qu'il t'a paru dans son état normal ? As-tu remarqué son air hagard ? Loraine finira par le rendre tout à fait fou, à force de céder à ses imaginations. C'est bien agencé à présent. Sir Ralph ne vit déjà plus qu'à travers elle. Il n'y a qu'à laisser les choses suivre leur cours. » La fille ne donne plus le moindre signe d'acquiescement ou d'intérêt ; elle pourrait être sourde-muette tout aussi bien, ou n'entendre que le chinois. Lady Ava n'en paraît aucunement gênée (c'est elle-même, peut-être, qui interdit aux jeunes servantes de répondre) et elle continue après un temps d'arrêt : « En ce moment, il doit être en train de courir après l'argent qu'elle exige... Il y passera toute sa nuit, et ne trouvera rien. Et il sera mûr pour écouter nos conseils... des suggestions... des directives... Bon. Je n'ai pas besoin de toi cette nuit. Je suis vieille et fatiguée... Tu pourras dormir dans ton lit. »

L'eurasienne a de nouveau disparu, comme un fantôme. Lady Ava est de nouveau debout près du secrétaire, où elle remet sur l'abattant ouvert, parmi les autres papiers, la feuille qu'elle avait emportée pour la relire. Elle prend l'enveloppe brune qui contient les quarante-sept sachets de poudre ; elle a pu s'assurer, à la seconde entrée de Kim, que celle-ci vérifiait d'un coup d'œil rapide la présence du paquet : si la cachette se trouvait dans la chambre même, il aurait été rangé depuis longtemps en lieu sûr, a pensé la servante, pense Lady Ava, dit le narrateur au teint rouge qui est en train de conter l'histoire à son voisin, dans la salle du petit théâtre. Mais Johnson, qui a d'autres affaires en tête, ne prête qu'une oreille distraite à ses invraisemblables récits de voyages en Orient, avec antiquaires entremetteurs, traite des filles, chiens trop adroits, bordels pour détraqués, trafic de drogues et assassinats mystérieux. Il ne regarde également que d'un œil assez vague, errant, discontinu, la scène où se poursuit la représentation.

Pendant ce temps, Lady Ava, dans sa chambre, a fait jouer le système secret, connu d'elle seule (l'ouvrier chinois qui a installé la machinerie est mort peu après), pour ouvrir, sur la paroi opposée à celle où se trouve la grande porte à deux vantaux, le panneau de l'invisible armoire aux réserves. Ce panneau mobile forme avec la porte contiguë de la salle de bains un ensemble à deux battants, identique à celui de l'entrée qui lui fait face ; le visiteur a l'impression que la partie de droite — qui donne en réalité sur l'armoire — n'est qu'une fausse demi-porte mise là pour la décoration, par simple souci de symétrie. Lady Ava place le paquet de papier brun sur une des étagères, et elle entreprend de compter les boîtes qui s'alignent et s'empilent d'un bout à l'autre de l'étagère située au-dessous.

Pendant ce temps, l'Américain regagne Kowloon par un des bateaux de nuit, dont les grandes salles garnies de bancs ou de fauteuils sont presque vides à cette heure avancée. Il a eu du mal à se débarrasser des policiers ; le lieutenant a même tenu à le reconduire jusqu'à l'embarcadère et à le faire monter dans le premier bac en partance. Johnson n'a pas osé en ressortir aussitôt (comme il avait d'abord pensé le faire), craignant de se retrouver devant la voiture de police, demeurée là en surveillance. Il débarque donc de l'autre côté de l'eau. L'unique taxi en stationnement est pris, juste au moment où lui-même y arrive, par un autre client qui se présente à la portière opposée. Johnson se décide à monter dans un pousse-pousse rouge, dont le coussin collant de molesquine laisse échapper son crin moisi par une déchirure en triangle ; mais il se console en pensant que le taxi, d'un modèle très ancien, ne doit guère être plus confortable. Le coureur avance du reste aussi vite que l'automobile, qui va dans la même direction, par la grande avenue déserte que recouvrent en voûte, d'un trottoir à l'autre, les branches des figuiers géants dont les racines aériennes, fines et touffues, pendent verticalement comme de longues chevelures. Entre les gros troncs noueux apparaît par instant, rejointe et dépassée bientôt, une fille en robe-fourreau blanche qui marchait d'un pas rapide le long des maisons, précédée d'un grand chien qu'elle tenait en laisse. Le pousse-pousse s'arrête en même temps que le taxi devant la porte monumentale de l'hôtel Victoria. Mais personne ne descend de l'automobile et Johnson croit apercevoir, en jetant un regard en arrière tandis qu'il franchit le tambour, un visage qui l'observe derrière la glace restée fermée, malgré la chaleur, à la place du client. Il s'agirait donc d'un espion chargé par le lieutenant de suivre le suspect jusqu'à Kowloon, pour voir s'il logeait vraiment à cet hôtel, et s'il y rentrait aussitôt sans faire de nouveaux détours.

Mais Johnson n'est passé par là que pour demander au portier si aucun message n'avait été déposé pour lui dans la soirée. Non, le portier n'a rien à lui remettre (il le vérifie pour plus de sûreté dans la case à courrier) ; il a seulement reçu, il y a peu de temps, un coup de téléphone de Hong-Kong demandant si un certain Ralph Johnson habitait l'hôtel, et depuis quand. C'était encore le lieutenant sans doute, qui menait décidément ses enquêtes avec peu de discrétion, à moins qu'une si voyante filature ne soit faite exprès, dans le but de l'impressionner. Elle ne l'empêche pas, en tout cas, de quitter le grand hall sans hésiter par l'autre porte à tambour, qui ouvre à l'arrière de l'immeuble sur un square planté de ravenalas, qu'il suffit de traverser pour rejoindre la rue. Il y a là une station de taxis, avec comme d'habitude une voiture libre, d'un modèle très ancien, qui attend. Johnson y monte (après s'être assuré que personne, aux alentours, n'épie sa fuite) et donne l'adresse d'Edouard Manneret, le seul personnage qui, de ce côté-ci de la baie, puisse lui venir en aide dans l'extrême nécessité où il se débat. Le taxi démarre aussitôt. La chaleur, dans l'étroite cabine, est étouffante ; Johnson se demande pourquoi toutes les glaces en sont fermées jusqu'en haut, et il veut ouvrir celle qui se trouve de son côté. Mais elle résiste. Il s'acharne, pris tout à coup d'un soupçon effrayant, causé par la ressemblance de cette vieille automobile avec celle qui vient de... La manivelle de manœuvre lui reste dans la main, et la glace demeure hermétiquement close. Le chauffeur, entendant du bruit derrière lui, se retourne vers la vitre qui le sépare de son client, et celui-ci a juste le temps de prendre un air endormi, propre à masquer son agitation. N'était-ce pas ce visage aux petits yeux bridés que Johnson a entrevu au volant de la première voiture, au débarcadère des vapeurs ? Mais tous les Chinois ont la même figure. Il est trop tard, de toute façon, pour changer le lieu de sa destination ; l'adresse de Manneret a été donnée, et enregistrée par le conducteur. Si celui-ci a pour mission de... Mais pourquoi l'espion qui le surveillait derrière sa glace fermée, à la porte de l'hôtel, est-il ensuite descendu ? Où serait-il allé ? Et comment un policier pourrait-il se décharger de son service sur un simple taxi de rencontre ? A moins, évidemment, qu'il ne s'agisse d'un faux taxi, prévenu lui aussi par téléphone depuis l'île de Hong-Kong et venu spécialement à la sortie du bac pour charger le collègue et prendre ses consignes. Et, en ce moment, ce collègue est lui-même en train de fouiller de fond en comble la chambre de Johnson à l'hôtel Victoria.

Derrière les troncs géants des figuiers, une fille en robe-fourreau longe d'un pas rapide et tranquille les boutiques élégantes aux vitrines éteintes ; un grand chien noir la précède, exactement comme celle de tout à l'heure, qui ne se dirigeait pourtant pas de ce côté-ci et pourrait difficilement avoir fait tout ce chemin dans l'intervalle. Mais Sir Ralph a des soucis plus urgents qui l'empêchent de s'intéresser à ce problème. Si l'espion du lieutenant est vraiment descendu de voiture à l'hôtel Victoria, bien qu'avec un peu de retard (il cherchait de la monnaie, ou il attendait que Johnson lui laisse le champ libre), ce taxi peut aussi bien être un vrai taxi. Quelle raison le conducteur avait-il alors de se poster à l'arrière de l'hôtel, comme pour en contrôler toutes les issues ? La voiture, sur ces entrefaites, est arrivée à l'adresse indiquée. Le chauffeur a ouvert la vitre de séparation pour annoncer le prix de la course au client ; il en profite pour saisir la manivelle de la glace que celui-ci a gardée dans sa main par inadvertance, et il la replace sur son pivot, avec la dextérité que confère l'habitude, prête pour jouer le même tour à un nouveau passager. Après quoi il s'exclame, en cantonais : « Matériel américain ! » et il part d'un éclat de rire suraigu. Johnson, tout en lui tendant un billet de dix dollars (des dollars de Hong-Kong évidemment), profite de cette plaisanterie pour engager la conversation, afin de tenter d'éclaircir le mystère du premier espion. Il dit, en cantonais : « Les voitures anglaises, ça ne vaut pas mieux ! »

L'autre cligne de l'œil, d'un air malin plein de sous-entendus, en répondant : « D'accord ! Et les chinoises ? » Ce serait donc plutôt un des nombreux propagandistes venus comme réfugiés de Chine communiste, qui ont envahi depuis peu la colonie et entièrement occupé certaines professions : chauffeurs de taxis et portiers d'hôtels en particulier. Mais Johnson, qui suit son idée, pose alors sa question : « Est-ce que ce n'est pas vous qui stationniez à l'arrivée du bac, et que j'ai raté de quelques secondes ?

— Si, bien sûr ! dit l'homme.

— Et vous avez conduit quelqu'un à l'hôtel Victoria ?

— Exact !

— Quelqu'un qui y est descendu ?

— Si ce n'était pas pour y descendre, il ne s'y serait pas fait conduire, je pense.

— Bon. Mais pourquoi avoir fait le tour de l'immeuble à vide, jusqu'au square qui se trouve par derrière, au lieu de rester à la station qui est devant l'hôtel ? »

Le Chinois a de nouveau son clin d'œil malin, exagéré, un peu inquiétant : « Le flair, dit-il. Le flair policier ! » Et il éclate de son rire trop aigu.

L'Américain sort de la voiture et s'éloigne, vaguement abasourdi. Il n'ose pas monter directement chez Manneret — dont il a pourtant donné le numéro sans ambiguïté — à cause du taxi qui tarde à démarrer, toujours rangé le long du trottoir. Comme il risque un coup d'œil de ce côté pour regarder ce que le chauffeur attend, il voit la portière avant de la voiture qui s'entrouvre et le petit homme qui passe la tête et un bras pour lui indiquer du geste la bonne entrée, avec complaisance, craignant sans doute qu'il ne s'égare dans cette avenue peu éclairée où les numéros des immeubles ne sont pas tous visibles. Johnson renonce alors à faire le tour du pâté de maisons, comme il venait d'en former le projet, et il sonne à la porte cochère qui s'ouvre d'elle-même. A l'intérieur du hall, il trouve sans peine le bouton de la minuterie qui commande l'allumage dans l'escalier, où la fraîcheur de l'air conditionné lui redonne des forces.

Edouard Manneret est chez lui, naturellement, et il ne tarde pas trop à venir en personne ouvrir sa porte. Il n'y a plus de domestiques à cette heure-ci ; Manneret, lui, veille en général la nuit entière. Mais il a visiblement pris ce soir une dose plus forte que de coutume et son état de demi-conscience ne laisse rien espérer de bon. Il porte un pyjama d'intérieur plutôt négligé ; il ne s'est pas rasé depuis plusieurs jours, si bien que sa barbiche et ses moustaches en croc, au lieu de se détacher avec netteté sur des joues glabres, se perdent dans la grisaille de poils poussés dans tous les sens. Ses yeux sont brillants, mais de

82

l'éclat anormal que donne la drogue. Il commence par ne pas reconnaître Johnson, qu'il prend d'abord pour son propre fils, et il le complimente sur sa bonne mine et sur sa tenue élégante ; d'un geste paternel, il tapote la manche du smoking et redresse la cravate papillon. Johnson, dont ce vieil homme est le dernier espoir, se laisse faire, décidé à le traiter avec ménagements. Il se présente néanmoins, d'une voix douce et ferme : « Je suis Ralph Johnson.

— Bien sûr ! » dit Manneret en souriant, avec l'air de celui qui se prête au jeu d'un enfant ou d'un fou. « Et moi je suis le roi Boris. » Il s'installe dans un fauteuil à bascule garni de coussins, tout en désignant d'une main vague un siège à son visiteur. « Tiens, dit-il, assieds-toi ! » Mais le visiteur préfère rester debout, agité par le désir de se faire entendre ; il pointe son index vers sa propre poitrine et répète en détachant les syllabes : « Johnson. C'est moi. Ralph Johnson.

— Mais oui ! Excusez-moi, s'exclame l'autre d'une voix mondaine. Un nom, vous savez... Qu'est-ce que ça signifie, un nom ? Et comment va madame Johnson ?

— Il n'y a pas de madame Johnson, dit l'Américain qui perd un peu patience. Enfin, vous savez bien qui je suis ! »

Manneret semble réfléchir, perdu dans des pensées obscures où l'image de l'intrus doit se troubler. Il se balance doucement sur son fauteuil. Le visage au regard fiévreux, à la barbe grise en désordre, monte et descend avec régularité, dans une lente oscillation périodique. A la fin, il dit, sans cesser son mouvement de bascule, qu'il suffit de contempler quelques instants pour avoir mal au cœur : « Bien sûr... Bien sûr... Mais il faut te marier, mon garçon... J'en parlerai à Eva... Elle connaît des vraies jeunes filles.

— Ecoutez-moi, dit Johnson avec véhémence. Je suis Ralph Johnson, Sir Ralph, l'Américain ! »

Manneret le regarde en plissant les yeux avec méfiance.

« Et que me voulez-vous ? dit-il.

— De l'argent ! J'ai besoin d'argent. J'en ai besoin tout de suite ! » Johnson se rend bien compte que le ton ne convient pas du tout à sa supplique. Il avait évidemment préparé une tout autre entrée en matière. Découragé, il se laisse tomber sur une chaise.

Mais le vieillard, qui a recommencé à se balancer dans son rocking-chair, retrouve d'un seul coup son bon sourire et sa gentillesse du début : « Ecoute, fiston, je t'ai donné encore cinquante dollars ce matin. Tu dépenses trop... C'est avec des demoiselles ? » Il cligne un œil égrillard, puis ajoute, d'une voix soudain très triste : « Si ta pauvre mère était de ce monde...

— Oh, assez ! crie Johnson hors de lui. Laissez en paix, pour l'amour du ciel, ma mère, ma femme et mes sœurs ! J'ai besoin de votre aide. Je vais vous faire un papier, un papier en règle, qui vous garantira une sorte d'hypothèque sur les propriétés de Macao...

— Mais c'est inutile, fiston, c'est inutile entre nous... Voyons, tu avais commencé à me parler de tes sœurs. Que font-elles, à présent ? »

Johnson, qui ne peut plus supporter le mouvement du rocking-chair dont il n'arrive pas à détacher les yeux, se lève et arpente la pièce à grands pas. Il perd son temps avec ce vieux drogué, qui va d'ailleurs bientôt s'endormir. Il y a mieux à faire de l'autre côté de l'eau, à Victoria, chez les prêteurs richissimes aux misérables boutiques de Queens Road. Sa décision brusquement prise, il traverse l'appartement, sort en claquant la porte et dévale l'escalier, en négligeant l'ascenseur.

Dehors, il retrouve l'air moite et brûlant, qui surprend davantage lorsque l'on quitte une maison réfrigérée. Le taxi démodé est toujours là, qui l'attend, rangé au bord du trottoir. Sans réfléchir à ce que cette sollicitude du chauffeur a de bizarre (le client tardif qu'il a conduit là, il y a une demi-heure, avait toutes les chances de rentrer à son domicile, donc de ne pas ressortir avant le lendemain), Johnson s'approche d'un pas machinal et s'apprête à monter, tandis que le Chinois lui tient la porte.

« C'est un vieux malin, n'est-ce pas ? dit celui-ci en anglais.

— Qui ça ? demande Sir Ralph avec brusquerie.

— Monsieur Manneret, dit le chauffeur avec son clin d'œil complice.

— Mais de qui parlez-vous, interroge l'Américain qui feint de ne pas comprendre.

— Tout le monde le connaît, dit le chauffeur, et il n'y a plus que ses fenêtres qui sont encore éclairées. » En même temps, il désigne de la main une grande baie, au cinquième étage, où, derrière les rideaux de tulle transparent, une silhouette d'homme se découpe en noir sur le fond lumineux, regardant au dehors l'avenue déserte, avec seulement un vieux taxi rangé au bord du trottoir, le chauffeur courtois qui referme la portière sur le client qui vient de s'installer à l'arrière, puis qui monte à son tour sur son siège, à l'avant, démarre sans trop de mal, et s'éloigne à une allure de pousse-pousse.

Edouard Manneret se retourne alors vers la chambre et quitte la fenêtre en se frottant les mains. Il sourit tout seul de satisfaction. Il a envie de téléphoner à Lady Ava pour lui raconter l'entrevue. Mais elle doit dormir maintenant. En passant près du bouton de réglage du refroidissement d'air, il le fait régresser d'un cran. Puis il revient à sa table de travail et continue à écrire. Ayant parcouru d'un pas vif et régulier le long trajet depuis le débarcadère, la jeune domestique eurasienne ne va pas tarder à rentrer avec le chien. Il s'agit, comme il n'est pas difficile de le deviner, d'un des grands chiens noirs de Lady Ava ; et la jeune fille s'appelle Kim. Ce n'était donc pas celle-là, mais la seconde servante (qui lui ressemble d'ailleurs aussi parfaitement que si elles étaient jumelles, et dont le prénom peut-être s'écrit également Kim, et se prononce de façon très voisine, la différence ne pouvant être sensible qu'à une oreille chinoise), ce n'était donc pas celle-là qui devait passer la nuit avec leur maîtresse. A moins qu'il ne s'agisse bel et bien de la même fille, qui aurait — sitôt libérée par la décision de dernière heure de Lady Ava — quitté la Villa Bleue avec le chien, marchant de son allure sans défaut jusqu'à l'embarcadère de Victoria, prenant le bac, où elle remarque la présence de Sir Ralph, mais en se gardant bien de le laisser lui-même l'apercevoir, et descendant en hâte la première, dès l'arrivée à Kowloon, continuant sa promenade nocturne sous les racines pendantes des figuiers géants, rattrapée bientôt et dépassée par un taxi suivi de près par un pousse-pousse, puis un peu plus loin rattrapée de nouveau par le même taxi — seul cette fois — d'un modèle très ancien, facilement reconnaissable à sa lenteur et à ses vitres closes. C'est encore ce même taxi, pour la troisième fois, qu'elle croise (il vient maintenant à sa rencontre) juste avant d'arriver à destination.

En dehors de Kim, de Johnson et de l'espion qui le suivait sur ordre du lieutenant de police de

Hong-Kong, il y avait encore dans ce même bac — ce qui n'a rien d'étonnant, car la fréquence des voyages est très faible en pleine nuit — un quatrième personnage qui mérite d'être signalé : c'est Georges Marchat, l'ex-fiancé de Lauren, qui a longtemps erré à l'aventure en remâchant sans cesse dans sa tête les éléments de son bonheur perdu et de son désespoir. Parti très tôt de la réception, où sa présence ne se justifiait plus guère, il a d'abord marché lui aussi à travers ce quartier résidentiel aux grandes propriétés closes de murs ou de palissades en bambous, puis il est revenu prendre sa voiture restée à proximité de la Villa Bleue, et il s'est engagé, au hasard, sur la route qui fait le tour de l'île, s'arrêtant dans tous les bars et casinos encore ouverts de la côte, pour y boire whisky sur whisky. Plus loin qu'Aberdeen, sur une petite plage nantie d'un club de demi-luxe, il a fait monter à côté de lui une prostituée chinoise, assez jolie, et il a continué à rouler tout en essayant de raconter son histoire, à laquelle naturellement la femme n'a rien compris, tant l'élocution du fiancé devenait confuse et sa présentation des événements incohérente. Elle lui a néanmoins proposé ses services, pour lui faire oublier son malheur, mais il l'a repoussée avec des airs de vertu outragée, disant qu'il ne cherchait pas à oublier mais au contraire à comprendre, qu'il ne voulait plus d'ailleurs avoir de commerce avec aucune femme, que l'existence entière lui était devenue sans saveur et qu'il allait se jeter à la mer du haut d'une falaise. La prostituée a préféré descendre de voiture, plutôt que d'être mêlée à cette ennuyeuse affaire ; il l'a donc débarquée aussitôt là où ils se trouvaient, c'est-à-dire n'importe où, loin de tout village, et il lui a donné un billet de cinquante dollars pour prix de sa compagnie ; elle était encore en train de le remercier avec cérémonie, l'assurant que pour une somme pareille elle aurait pu..., etc., que déjà il avait repris sa course. Allant toujours droit devant lui, de plus en plus vite, en montrant de moins en moins de prudence aux innombrables virages de la route en corniche et dans la traversée des agglomérations côtières, il s'est retrouvé à la fin dans les faubourgs de Victoria, où il n'a pas tardé à se faire arrêter par une patrouille de police, car le comportement de sa voiture trahissait avec évidence l'ivresse du conducteur. Il a montré ses papiers au lieutenant de gendarmerie, qui a tout de suite reconnu dans ce Georges Marchat, négociant hollandais, un des invités les plus suspects parmi ceux qu'il avait interrogés à la réception de ce soir, chez Eva Bergmann : celui qui était porteur, lors de la fouille, d'un revolver chargé, avec une balle engagée dans le canon. Questionné sur ce qu'il avait fait depuis son départ de la Villa Bleue, le fiancé a donné les noms des endroits où il avait bu (ceux du moins dont il avait gardé le souvenir) mais il a passé sous silence la prostituée chinoise. Le lieutenant a noté les adresses sur son carnet ; puis, comme le négociant avait une raison sociale connue en ville et qu'il était par conséquent aisé de le retrouver, il l'a laissé partir en lui conseillant de rouler moins vite, après lui avoir seulement dressé procès-verbal pour conduite en état d'ébriété. Marchat, pour se remettre de cette émotion, a encore fait halte dans un bar du port afin d'y boire quelques verres ; puis il a pris le bac avec sa voiture. Ni Kim ni Johnson ne pouvaient le rencontrer à bord, car il s'est endormi à son volant dès que sa manœuvre d'embarquement, exécutée tant bien que mal, a été achevée. Errant sur les ponts, il n'aurait, de toute façon, pas risqué de tirer une balle de revolver sur l'Américain, puisque son arme avait été saisie quelques heures plus tôt, à la Villa Bleue, par la police.

Lors de l'accostage du bateau à Kowloon, Georges Marchat dort toujours, couché sur son volant. Les marins du bord qui s'occupent du débarquement des automobiles le secouent pour le réveiller ; mais ils n'obtiennent en réponse que des ronflements, puis des paroles sans suite, où figurent peut-être les mots « putain » et « tuerai » ; encore faudrait-il pour les identifier, au milieu des syllabes rauques qui n'arrivent pas à franchir la gorge, être au courant des mésaventures du jeune homme. Les marins, eux, n'ont pas de temps à perdre en déchiffrements de ce genre : la voiture empêche de passer celles qui se trouvent derrière et qui déjà marquent leur impatience en donnant de petits coups d'avertisseur. Ils écartent donc Marchat de son volant, pour pouvoir manœuvrer celui-ci par la vitre baissée tandis que l'on pousse la grosse voiture jusqu'à ce qu'elle soit sortie du bac, ce qui se fait sans trop de mal puisque le quai est au même niveau que le garage intérieur. Les marins vont ensuite ranger Marchat et son auto un peu plus loin, le long d'un entrepôt fermé. Le négociant a glissé en travers de la banquette et ronfle d'un sommeil d'ivrogne.

Johnson et son espion, dont les véhicules respectifs sont partis depuis plusieurs minutes, n'ont pas pu assister à l'incident. Quant à Kim, descendue la première de tous les passagers — qui s'écartent avec des airs craintifs et réprobateurs, causés par les grognements du chien noir —, elle est déjà loin. Elle n'a pas de raison spéciale d'aller ce soir chez Manneret ; elle n'est, en particulier, chargée d'aucune mission par sa maîtresse, qui la croit en train de se reposer dans sa petite chambre du quatrième étage. Pourtant la jeune fille, sans rien avoir à accomplir

89

là-bas, s'avance d'un pas aussi ferme que si elle éprouvait — comme cela lui arrive de plus en plus souvent — l'absolue nécessité de se rendre chez le Vieux ; et elle est sûre que lui aussi l'attend. Elle ne se demande même pas quel est le but des expériences qu'il poursuit sur elle, à chacune de ses visites : cela lui importe peu de savoir si les breuvages et piqûres auxquelles il la soumet sont vraiment des stupéfiants à l'épreuve, ou bien des philtres magiques qui aliènent la volonté du sujet pour l'abandonner sans défense au pouvoir d'un tiers, ou du préparateur lui-même. Celui-ci n'en a d'ailleurs pas abusé jusqu'à présent, autant du moins qu'elle puisse s'en rendre compte dans ses moments de pleine conscience. Parmi les heures qu'elle a passées dans l'immeuble moderne de Kowloon, qui ressemble à une clinique de luxe, certaines lui font l'effet d'avoir duré très longtemps ; mais il y en a d'autres dont elle a perdu tout souvenir.

Ainsi, cette nuit-là, Kim trouve Edouard Manneret assis à sa table de travail ; il est placé dos à la porte, comme on l'a déjà dit, et il ne se retourne même pas pour regarder qui entre. C'est donc vrai, sans doute, qu'il savait qu'elle viendrait à ce moment précis. Il a en tout cas été rapporté qu'elle frappe à la porte de l'appartement et entre aussitôt sans attendre de réponse. A-t-elle une clef personnelle pour pénétrer chez lui ? Ou bien Manneret avait-il laissé sa propre clef dans la serrure — ou encore le battant simplement poussé, sans le clore — afin de n'avoir pas à se déranger ? Mais Johnson n'a-t-il pas, un instant auparavant, été obligé d'attendre que Manneret vienne lui ouvrir ? Ce serait alors ce Johnson qui aurait laissé la porte mal fermée en sortant : c'est en effet ce qui se produit quelquefois lorsque l'on claque certaines serrures avec trop de force et que le pêne se rouvre immédiatement sous le contre-coup du choc... Tous ces détails n'ont probablement guère d'importance, d'autant que les images de cette visite sont apparues déjà, dans ce qui précède, à propos de l'enveloppe brune contenant les quarante-huit sachets de poudre, que la servante était allée chercher pour Lady Ava. La seule question restait de savoir ce qu'elle avait fait du chien : elle n'a pu l'introduire dans la maison, puisque ces bêtes délicates ne supportent pas les locaux réfrigérés, ou du moins les trop grandes variations de température entre l'intérieur et la rue. (Est-ce la raison pour laquelle la Villa Bleue, qui est leur domicile habituel, n'est encore équipée que des ventilateurs d'avant-guerre ?) La solution de ce problème paraît maintenant facile : Kim a laissé le chien dans le hall d'entrée de l'immeuble, entre la porte cochère à ouverture automatique qui donne sur la rue et la double porte vitrée qui conduit à l'escalier ou aux ascenseurs. D'un geste familier elle a fixé le bout de la laisse, par son mousqueton, à un anneau qui semble là pour cet office, mais dont elle n'avait pas remarqué la présence à son dernier passage. Elle aurait évidemment mieux fait de conserver le chien comme garde du corps jusqu'au troisième étage (ou au cinquième ?) ; c'est ce qu'elle pense un peu tard, comme chaque fois, tandis qu'elle recule vers l'angle de la pièce, le Vieux s'avançant lentement, pas pour pas, avec un visage qui lui fait peur, gagnant peu à peu du terrain sur elle, qu'il domine maintenant de toute la tête, immobile, la bouche mince, la barbiche grise bien taillée, les moustaches qui ont l'air en carton, et les yeux qui brillent d'un éclat de folie criminelle. Il va la tuer, la torturer, la découper au rasoir... Kim essaie de hurler, mais, comme chaque fois, aucun son ne sort de sa gorge.

A cet instant du récit, Johnson s'arrête : il croit avoir entendu un cri, assez proche, dans le silence de la nuit. C'est à pied qu'il est revenu jusqu'à l'embarcadère, depuis l'hôtel où il s'était fait reconduire par le taxi aux glaces closes. En prenant sa clef au tableau du concierge, le portier communiste lui a appris qu'un inspecteur de police venait de fouiller son appartement, ce dont il n'a pourtant découvert aucune trace, ni dans le petit salon, ni dans la chambre, ni dans la salle de bains, tant la perquisition avait été faite avec habileté. Cette discrétion l'a plus inquiété que la surveillance trop voyante dont il avait été l'objet jusque-là. Sans prendre le temps de se changer, il s'est seulement muni de son revolver, qui se trouvait toujours à sa place dans le tiroir aux chemises, et il est redescendu. Appeler une voiture était inutile : l'heure de départ du prochain bac lui laissait largement le loisir de s'y rendre en marchant d'un pas ordinaire. Peut-être Johnson, plus ou moins consciemment, pensait-il éviter ainsi les commentaires indiscrets ou troublants du chauffeur obstiné. Mais, quand il a franchi le tambour, il a vu tout de suite que le taxi n'était plus là. Etait-il allé stationner dans le square aux ravenalas situé derrière l'hôtel ? Ou bien avait-il, malgré l'heure, trouvé un autre client ? L'Américain n'a ensuite rien observé d'anormal, autour de lui, jusqu'au moment où, débouchant sur le quai d'embarquement, il a entendu ce cri, une sorte de râle plutôt, ou une plainte qui n'était pas forcément un appel au secours, ou une quelconque voix grave et un peu rauque, ou n'importe quel bruit du port tout proche, bourré de jonques et de sampans qui servent d'habitation à des familles entières. Johnson s'est accusé d'être trop nerveux. Sur le quai, comme dans les rues qui y conduisaient, il n'y avait pas âme qui vive ; l'accès du bac était ouvert, mais non gardé, et il n'y montait pour l'instant ni passager ni voiture. La salle d'attente était déserte également et le guichet semblait abandonné. Afin de prendre patience jusqu'au retour de l'employé — il n'y avait rien d'urgent —, Johnson est ressorti sur le quai.

C'est alors qu'il a aperçu la grosse automobile du négociant Marchat, rangée le long de l'entrepôt, une Mercedes rouge, probablement unique dans toute la colonie. Il s'est demandé ce qu'elle faisait là et il s'est approché, n'ayant rien d'autre à faire. Il a d'abord cru qu'il n'y avait personne dans la voiture, mais en se penchant à la portière du côté du volant, dont la glace était baissée, il a vu le jeune homme allongé sur la banquette : il avait la tempe fracassée, les yeux exorbités, la bouche ouverte, les cheveux poissés dans une petite flaque de sang déjà coagulée. Selon toute vraisemblance, il était mort. Sur le plancher de la voiture, près du frein à main, il y avait un revolver. Sans rien toucher, Johnson a couru jusqu'à la cabine téléphonique qui se trouve contre la paroi vitrée de la salle d'attente, à l'extérieur. Et il a appelé police-secours. Il a donné le signalement de l'automobile et l'endroit exact où elle stationnait, mais il n'a pas cru bon de nommer la victime ; et il a raccroché sans avoir dit non plus son propre nom. Quand il est retourné au guichet, l'employé était toujours absent ; il n'est apparu qu'au bout d'environ trente secondes, et il lui a donné un jeton sans le regarder. Johnson est aussitôt monté à bord, par le tourniquet automatique, après avoir introduit le jeton dans la fente. Le bateau était presque vide, il est parti tout de suite après, alors qu'on entendait dans le lointain la sirène modulée d'une voiture de police. A Victoria, Johnson a pris un taxi, qui a roulé très vite, si bien qu'il est arrivé de bonne heure à la

Villa Bleue, vers neuf heures dix plus précisément.

Dès son entrée dans le grand salon, il a été abordé par cet homme chauve, petit et rond, dont la peau est brillante et le teint si rouge que l'on craint toujours de le voir frappé d'une crise d'apoplexie. L'Américain, qui n'avait aucune raison de refuser, l'a accompagné jusqu'au buffet pour y boire avec lui une coupe de champagne, ce qui lui a valu d'intéressants commentaires sur les dernières combinaisons frauduleuses imaginées par les importateurs de boissons alcoolisées non distillées. Le gros homme l'a ainsi accaparé pendant plus longtemps que Sir Ralph ne l'avait craint ; une bonne partie de sa vie s'était déroulée dans de lointains pays et il en rapportait toutes sortes de souvenirs scandaleux, dont il tenait à faire profiter ses amis et connaissances ; ce soir par exemple, à propos de breuvages truqués, il s'est mis à décrire avec complaisance les méthodes employées je ne sais où pour faire perdre toute volonté de résistance à des jeunes filles, choisies en raison de leur beauté dans la rue ou dans les réunions mondaines, que l'on enfermait ensuite dans des bordels spéciaux de la ville afin de les faire servir aux amateurs d'émotions fortes et aux pervertis sexuels. Il commençait à raconter qu'un père de famille avait un jour par hasard, dans une de ces maisons, reconnu sa propre fille, quand l'Américain, lassé par son indiscret bavardage, s'était trouvé un prétexte pour interrompre enfin ce narrateur trop fécond, ou du moins pour ne plus entendre ses histoires : il était allé danser. Il avait pour cela fixé son choix sur une cavalière qu'il voyait ce soir pour la première fois : une jeune femme blonde, en robe blanche très décolletée, qui bougeait avec beaucoup de grâce. Il a su ensuite qu'elle s'appelait Loraine, qu'elle était arrivée depuis peu d'Angleterre, et qu'elle habitait pour le moment chez Lady Ava.

Un peu plus tard dans la soirée, une nouvelle macabre s'était répandue parmi les invités : un de ceux que l'on attendait aujourd'hui, un jeune homme nommé Georges Marchand, connu en ville pour son sérieux, venait d'être trouvé assassiné dans sa propre voiture. Une prostituée chinoise, qui devait avoir passé une partie de la soirée en sa compagnie (on les avait vus ensemble dans un club, du côté d'Aberdeen), était interrogée activement par la police ; bien que le portefeuille de la victime ait disparu, on soupçonnait plus une affaire de mœurs que le crime d'un simple voleur. A partir de là, les commentaires et suppositions sont allés bon train, assortis quelquefois de détails tout à fait saugrenus, dont Marchand lui-même se serait sans doute bien étonné. La représentation théâtrale, prévue pour onze heures, a eu lieu malgré tout : ce Marchat, ou Marchand, n'était pas un habitué de la maison et c'est un peu par hasard qu'il avait été convié cette fois-ci. Personne, du reste, dans l'assistance, ne le connaissait autrement que de nom ; la plupart n'en avaient même jamais entendu parler.

Le programme du spectacle comportait principalement une petite comédie en deux actes, à trois personnages, dans le goût traditionnel : une femme est prise entre deux hommes, fiancée à l'un, elle se met à aimer l'autre, etc. Le rôle de la jeune femme est tenu par Loraine et c'est le seul intérêt de la pièce. Dès le milieu du premier acte, choisissant un moment où la scène est presque dans le noir et ne renvoie par conséquent aucune lumière vers la salle elle-même éteinte, je me lève furtivement et je gagne la petite sortie, dont je trouve l'emplacement à tâtons. Mais j'ai dû me tromper de porte, dans l'obscurité, car je ne reconnais pas du tout l'endroit sur lequel débouche le couloir où je me suis engagé. C'est une sorte de cour-jardin en plein air, éclairée par de grosses lanternes à pétrole, assez malpropre et qui doit servir de dégagement aux coulisses du théâtre, car des éléments de décors y sont abandonnés çà et là dans une grande confusion. Contre une touffe de bananiers à moitié morts est appuyé de travers un grand panneau de contreplaqué dont la face peinte représente un mur de pierre, des grosses pierres taillées qui saillent irrégulièrement, avec des anneaux de fer scellés à diverses hauteurs où sont accrochés de vieilles chaînes rouillées, le tout peint en trompe-l'œil de façon assez grossière. Un peu plus loin, devant le pignon d'un hangar, je distingue encore dans la lumière incertaine une boutique de mode, vue depuis la rue : dans la vitrine aux inscriptions anglaises, un mannequin en robe collante tient à bout de laisse un grand chien noir. Privé des feux de la rampe et posé ainsi de guingois, l'ensemble ne donne plus aucune impression de profondeur. Je découvre aussi quelques éléments de mobilier qui doivent appartenir à la scène de la fumerie d'opium, ainsi que divers praticables : fenêtres, portes, fragments d'escalier, etc.

En dehors de ces restes de spectacles, la cour est encombrée par une quantité d'objets au rebut : un pousse-pousse hors d'usage, de vieux balais en paille de riz, des tréteaux démontés, plusieurs statues en plâtre, de nombreuses caisses non fermées où sont rassemblés pêle-mêle des débris de vaisselle ou des verres cassés ; il y a en particulier une pleine caisse de coupes à champagne ébréchées, fêlées, sans pied, ou même réduites en menus morceaux, méconnaissables. Comme je cherche une issue à ce désordre, j'atteins des régions qui ne sont plus éclairées du tout.

Je bute sur des choses entassées que je devine ensuite, au toucher, être des piles de journaux épais, sur papier lisse, du format des illustrés chinois. En avançant la main à tâtons, je rencontre alors un contact froid et humide, qui me fait retirer le bras vivement. Mais, dans une direction voisine, et avec l'espoir toujours de découvrir un passage entre les piles de journaux qui se multiplient, je tombe sur d'autres objets identiques — des corps allongés, très froids, un peu visqueux — dont je finis, d'après l'odeur plus forte que dégage cet endroit, par comprendre la nature : un grand nombre de gros poissons, sans doute considérés comme inconsommables.

A cet instant, j'entends une voix derrière moi et je me retourne, avec plus de vivacité que la situation ne l'exige. Il y a quelqu'un d'autre que moi dans cette cour : un homme debout, immobile, que j'avais pris pour une statue ; il désigne du bras une direction, en disant dans un anglais incertain : « C'est par là. » Je le remercie et je suis son conseil. Mais ce n'est pas du tout une sortie qu'il m'indiquait, comme je l'avais cru ; ce sont des toilettes, éclairées elles aussi par une lanterne à pétrole, assez sales de surcroît, et dont les murs passés à la chaux sont couverts de graffiti. Il y a surtout des inscriptions chinoises, pour la plupart pornographiques et dénotant plus d'imagination qu'il n'est coutume dans ce genre de lieux. Je déchiffre aussi une phrase en anglais : « Il se passe des drôles de choses dans cette maison » et un peu plus bas, de la même écriture appliquée bien que maladroite : « La vieille lady est une salope. » Je ne ressors qu'après être resté dans la cabine le temps nécessaire pour ne pas décevoir mon guide, pour le cas où il me surveillerait encore. Mais je suis alors pris d'un doute concernant ce qu'il me montrait tout à l'heure, de sa main tendue, car aussitôt je me trouve devant une issue que je ne soupçonnais pas, un passage à travers d'épais buissons d'hibiscus en fleurs, et je rejoins brusquement le parc de la villa. Je constate bientôt que je suis dans la zone des groupes sculptés dont j'ai parlé à plusieurs reprises, mais j'y vois ce soir un sujet que je ne connais pas encore et qui ne devait pas être là auparavant, car il aurait attiré mon attention par sa situation à l'angle de deux allées ainsi que par l'éclatante blancheur du marbre neuf ; c'est sans doute une nouvelle acquisition de Lady Ava. Les abords m'en semblent d'ailleurs piétinés par endroits, fraîchement bouleversés à d'autres, comme si une équipe d'ouvriers avait travaillé tout récemment à l'installer. Le socle a été enterré de façon à placer les deux personnages au même niveau que les passants, dont ils ont en outre la·taille. Cela s'appelle : « Le Poison » ; ce mot est nettement lisible malgré l'obscurité (à laquelle mes yeux s'habituent) car il est creusé en très grandes capitales dans la surface horizontale du marbre blanc, chaque lettre se trouvant mise en valeur par un trait de peinture noire. Un homme à barbiche et lorgnon, debout, vêtu d'une sorte de redingote, qui tient un petit flacon dans une main et un verre à pied dans l'autre (est-ce un médecin ?) se penche sur une fille entièrement nue, à la bouche ouverte, aux cheveux défaits, qui se tord sur le sol à deux pas de lui.

Un peu plus loin dans la même allée de bambous, je surprends la scène déjà décrite où Lauren, ayant dit avec emphase : « Jamais ! Jamais ! Jamais ! », tire un coup de pistolet sur Sir Ralph qui se tient à trois mètres d'elle environ, la jeune femme ayant lâché son arme aussitôt et restant les doigts écartés, le bras à demi étendu en avant, abasourdie par son propre geste, n'osant même plus regarder le blessé qui a seulement fléchi sur ses jambes, le dos un peu courbé, une main crispée sur la poitrine et l'autre écartée de côté vers l'arrière, ayant l'air de chercher un appui, avant de s'écrouler pour de bon. Mais cette scène n'a plus grand sens, à présent. Et je poursuis mon chemin jusqu'à la maison. Le hall d'entrée est vide, de même que le grand salon. Tout le monde doit être encore au petit théâtre, où la représentation n'est donc pas terminée ; je descends l'escalier de moquette rouge qui mène à la salle.

Mais la salle s'est vidée elle aussi, bien que Lady Ava soit toujours en scène, jouant seule devant des sièges relevés. S'agit-il seulement de la répétition d'un prochain spectacle, qu'elle met au point après le départ du public, la pièce de ce soir étant achevée ? (Si je ne me trompe pas, du moins, en pensant qu'il y avait une représentation ce soir.) A tout hasard je m'assieds au milieu d'une rangée de fauteuils. Lady Ava vient de faire fonctionner le mécanisme qui ferme le panneau dissimulant l'armoire secrète. Elle se retourne vers la rampe et continue, de sa même voix lasse et coupée de temps morts, découragée, à peine audible : « Voilà. Tout est en ordre... Une fois encore, j'aurai réglé, autour de moi, la disposition des choses... » Puis, après un silence très marqué : « Il n'y a plus qu'à attendre. » A ce moment elle s'immobilise, bien droite, juste au bord de la scène, en son exact milieu. Et le lourd rideau de velours commence à se fermer, ses deux pans — un de chaque côté — s'abaissant lentement, en oblique, depuis les cintres. Instinctivement, je me mets à applaudir. L'actrice s'incline, une fois, pendant que le rideau se relève et que je bats des mains de plus belle. Mais mon énergie solitaire ne parvient pas à faire beaucoup de volume, ce bruit grêle et obstiné rendant au contraire plus sensible le vide total du théâtre. Aussi le rideau, à sa seconde descente, se ferme-t-il tout à fait, tandis que les lustres s'allument dans la salle. Je gagne la sortie, étonné malgré tout par cette absence de spectateurs.

Après la double porte à va-et-vient, traditionnellement percée de deux hublots ronds, je rencontre Lady Ava qui arrive des coulisses, sans avoir rien changé dans son costume ni dans son maquillage. Elle me sourit avec tristesse. « C'est gentil à vous, dit-elle, d'être resté jusqu'au bout. Cette pièce est absurde. Et je suis une vieille comédienne qui n'intéresse plus personne... Ils sont tous partis les uns après les autres. » Je lui ai offert mon bras et elle s'est appuyée sur moi pour monter l'escalier. Elle était lourde et maladroite, comme si elle avait soudain des rhumatismes dans tout le corps. J'ai cru qu'elle n'arriverait pas en haut des marches. Elle s'est arrêtée à mi-chemin pour se reposer et elle m'a dit : « Vous allez bien rester pour boire une coupe de champagne. » Je n'ai pas osé refuser, de peur d'avoir l'air de l'abandonner à mon tour.

Nous nous sommes installés dans le petit salon des glaces, où il y a tous les bibelots chinois dans des vitrines. On ne pouvait pas sonner de domestique à cette heure-là, évidemment, si bien que j'ai dû aller chercher moi-même une bouteille dans le réfrigérateur du bar, qui est la pièce contiguë. Mais je n'ai trouvé que quelques coupes ébréchées, qui avaient été probablement mises de côté pour être jetées ensuite. Lady Ava ne savait pas plus que moi où l'on rangeait les autres. Comme celles-ci étaient propres, j'ai choisi les deux moins abîmées et je suis revenu dans le petit salon. J'ai débouché la bouteille et nous avons bu en silence. Sur le guéridon, à côté de nos verres, il y avait l'album de photographies. Je l'ai pris pour le feuilleter, plutôt pour me donner une contenance que par curiosité réelle, puisque je l'ai déjà regardé cent fois. Et il s'est ouvert par hasard sur une fille très blonde et très belle que je ne connaissais pas. Prise en pied, debout et de face, elle est vêtue seulement d'une guêpière de dentelle noire et d'une paire de bas en résille ; elle n'a pas de chaussures ; un mince ruban de velours noir lui entoure le cou. Elle tient ses deux bras relevés, les deux mains pendant avec mollesse, les poignets croisés l'un sur l'autre un peu plus haut que le front. Son corps est légèrement déhanché, reposant davantage sur la jambe droite, la gauche un peu fléchie et le genou ramené en avant par-dessus l'autre genou. « Elle s'appelle Loraine », dit Lady Ava au bout d'un temps assez long.

Ensuite, elle me parle de ses soucis professionnels ; et, à propos des risques de dénonciation à la police ou de mesures de rétorsion plus expéditives, elle me raconte une fois de plus la mort d'Edouard Manneret. Il avait l'habitude de laisser la porte de son appartement ouverte, aux heures où il recevait d'éventuelles visites, non pas grande ouverte mais le pêne restant hors de la gâche, si bien qu'il suffisait de pousser le battant pour entrer, sans que lui-même s'en aperçoive puisqu'il travaillait en général dans un bureau situé à l'autre bout du couloir. Le meurtrier était, de toute évidence, bien renseigné sur la maison, puisqu'il savait même où se trouvait l'armoire secrète et comment on la faisait fonctionner... J'interromps Lady Ava pour lui demander qui était, au juste, ce Manneret dont elle m'a déjà parlé à plusieurs reprises. Elle me répond que c'était le père supposé de ces deux jumelles — dont la mère était une prostituée chinoise — qui sont maintenant à son service, censément comme domestiques, mais qu'en réalité elle considère plutôt comme ses filles adop-

101

tives. Pour dire une chose plaisante, tout en ayant l'air de m'intéresser à ses histoires, je lui fais part des rapports un peu différents que la rumeur publique a établis entre les servantes et la maîtresse. Mais celle-ci se récrie, avec plus de vigueur que le sujet ne me semble en requérir. « Les gens ne savent pas quoi inventer », dit-elle à la fin, d'une voix pleine d'amertume. Puis, passant d'une chose à l'autre sans transition, elle ajoute : « On nous a changé le numéro du téléphone. A présent, c'est le un, deux cent trente-quatre, cinq cent soixante-sept.

— Très bien, dis-je. Au moins c'est facile à retenir. » Cette fois, je suis décidé à m'en aller. Je me lève pour prendre congé d'elle, mais je commets la faute de m'approcher un peu trop d'une des vitrines, où je jette un coup d'œil distrait sur l'étagère qui contient les statuettes d'ivoire à deux personnages. Lady Ava, qui décidément craint de rester seule et cherche à tout prix un sujet de conversation, me dit que celles-là viennent de Hong-Kong, et elle me demande si je suis allé là-bas. Je réponds que oui, naturellement ; tout le monde connaît Hong-Kong, sa rade et les centaines de petites îles aux alentours, les montagnes en pains de sucre, le nouvel aérodrome qui s'avance sur une digue au milieu de la mer, les autobus londoniens à deux étages, les guérites en forme de pagodes où sont juchés les policemen au centre des carrefours, le ferry-boat qui va de Kow-loon à Victoria, les pousse-pousse rouges à hautes roues dont la capote verte forme un large auvent au-dessus du passager, sans parvenir à l'abriter des brusques pluies torrentielles qui ne ralentissent même pas l'allure du coureur aux pieds nus, la foule en pyjamas de toile cirée noire qui referme les grands parapluies, avec lesquels on se protégeait du soleil une minute plus tôt, pour venir à présent se réfugier

102

sous les arcades, dans les longues rues à galerie couverte dont les gros piliers carrés sont revêtus, du haut en bas, sur leurs quatre faces, par les enseignes verticales aux énormes idéogrammes : noirs sur fond jaune, noirs sur fond rouge, rouges sur fond blanc, blancs sur fond vert, blancs sur fond noir. Le balayeur se recule un peu plus sous l'arcade, contre le pilier, car l'eau qui dégouline des étages supérieurs (où les loggias sont chargées de linge qui sèche) commence à traverser son chapeau de paille en cône aplati ; la feuille de journal qu'il tient à la main en est déjà toute détrempée. Comme il l'a regardée suffisamment, et qu'il ne peut plus rien tirer de nouveau des illustrations, il se décide à s'en séparer : il la laisse, d'un geste indolent, retomber dans le caniveau.

Celui-ci est insuffisant désormais pour que l'eau, qui continue à tomber du ciel, réussisse à s'écouler par cette voie ; et c'est l'ensemble de la chaussée, transformée en ruisseau d'un trottoir à l'autre, qui charrie les détritus de toute sorte accumulés depuis le matin, cependant que le pousse-pousse intrépide, qu'un coolie tire à toute allure, soulève sur son passage des gerbes de liquide boueux. Tous les piétons, en revanche, se sont mis à l'abri sous la galerie, tellement encombrée déjà par les envahissants étalages de fruits ou de poissons que l'on ne peut presque plus y circuler. Et il faut le grand chien noir, dont les sourds grondements font peur aux passants, pour que Kim puisse se frayer un chemin jusqu'à l'étroit escalier que, pivotant avec aisance d'un quart de tour sur sa gauche, elle se met à gravir sans... Mais non ! Voilà que l'irritant problème du chien se pose de nouveau avec toute son acuité. Il a été dit quelque part que la servante le laissait dans le hall, entre la porte cochère qui donne sur la rue et le vestibule où prennent les ascenseurs, mais c'est une erreur sûrement, ou alors il s'agissait d'une autre fois, d'un autre moment, d'un autre jour, d'un autre endroit, d'un autre immeuble (et peut-être même d'un autre chien et d'une autre servante), car il n'y a ici ni ascenseurs, ni hall d'entrée, ni porte cochère, mais seulement un escalier tout droit, exigu, sans lumière et sans rampe, qui s'ouvre au ras de la façade sans porte d'aucune espèce, et qui monte en une seule volée rectiligne, sans le moindre palier intermédiaire pour se reposer entre les étages.

Kim cherche des yeux ce qu'elle va pouvoir faire de l'encombrante bête. La prochaine fois, certes, elle la laissera à la maison, s'il y a une prochaine fois. En attendant, il faut bien lui trouver une place quelque part. Elle n'aperçoit pas le plus petit anneau dans le mur, le plus misérable clou rouillé, où elle pourrait accrocher le mousqueton de la laisse ; et la façon peu avenante dont l'animal se conduit avec les étrangers — chinois ou blancs — interdit tout à fait de le confier à l'un de ces petits hommes désœuvrés qui attendent là que la pluie cesse, et qui peut-être auparavant attendaient qu'elle se mette à tomber, assis par terre dans les encoignures ou bien debout, appuyés contre des échafaudages de caisses ou contre les piliers carrés, regardant de leurs yeux mi-clos la jeune eurasienne qui vient de s'arrêter devant eux, accompagnée par son chien de luxe, et qu'ils sont en train aussitôt de faire entrer dans leur rêve.

Le chien sur ces entrefaites, n'ayant pas les mêmes scrupules que sa maîtresse et profitant du désarroi momentané que celle-ci éprouve à cause de lui, a tiré un coup sec sur la laisse, dont l'extrémité libre a glissé subrepticement de la petite main aux ongles laqués ; et il s'est précipité dans l'escalier dont il a franchi la première volée en quelques bonds, disparaissant en une seconde dans les ténèbres, signalé seulement ensuite par le bruit de ses pattes frappant les marches, que les ongles crochus griffent dans leur hâte, et par les claquements de la tresse de cuir, qui vole derrière lui en cinglant comme un fouet les parois et le sol. Il n'y a, somme toute, aucune raison de ne pas le laisser monter. La seule chose que la vieille lady interdise est de faire pénétrer ses précieuses bêtes dans des immeubles à réfrigération moderne, ce qui ne risque guère d'être le cas pour cette maison dépourvue de confort et ouverte à tous les vents, datant du siècle dernier. Kim n'a plus qu'à suivre le chien : elle gravit à son tour les étroites et hautes marches de bois, avec un peu plus de lenteur, certes, et sans doute aussi de difficulté sous l'aisance apparente, la fente latérale de sa robe collante ne permettant pas aux jambes une suffisante liberté, et l'absence de lumière constituant encore une gêne supplémentaire pour des yeux venant du grand soleil extérieur.

Au premier étage, en haut de cet escalier droit, raide comme une échelle de grenier, qui s'élève perpendiculairement à la rue, il y a un petit palier rectangulaire sur lequel donnent trois portes : une à main droite, une en face, une à gauche. Aucune plaque n'indique le nom des locataires qui habitent là, ni, éventuellement, des modestes firmes qui posséderaient leurs bureaux derrière ces panneaux de bois sans ornement, peints tous les trois de la même couleur brune qui s'écaille. Après avoir hésité un instant, la servante se décide à frapper au premier qui se présente : celui de droite. Aucune réponse ne lui parvient. Ses yeux s'étant habitués peu à peu à l'obscurité, elle vérifie que les montants du cadre ne comportent pas de bouton de sonnette, ni de cordon, ni de heurtoir. Puis elle frappe de nouveau, mais toujours avec discrétion. En désespoir de cause, elle tente de manœuvrer la poignée en bois, crasseuse et usée par le frottement. Celle-ci ne tourne même pas sur son axe ; on dirait une porte condamnée.

Kim essaie donc la seconde : celle du milieu. N'y voyant pas non plus de sonnette, elle frappe, sans obtenir de meilleur résultat. Mais cette fois la poignée (en tout point identique à la première) fonctionne et fait jouer le pêne dans la gâche. La serrure n'est pas fermée à clef. Kim pousse le battant et se trouve au seuil d'une pièce si petite qu'elle n'a même pas besoin d'y entrer plus avant pour embrasser d'un seul coup d'œil la table de bois blanc qui disparaît sous des dossiers en piles, les murs entièrement recouverts de casiers dont les planches brutes, clouées de façon sommaire, supportent une quantité considérable des mêmes dossiers, le sol enfin où gisent en désordre, dans tous les coins, des dossiers encore, toujours constitués de la même manière (deux plaques de carton entoilées que réunit une sangle déformée par l'usage) et dont certains laissent échapper une partie de leur contenu : des chemises de papier fort, aux couleurs variées, portant chacune un grand idéogramme noir, tracé à la main d'un pinceau épais. Derrière la table, il y a une chaise ordinaire, à siège de paille. Au plafond pend une ampoule nue, éteinte, la lumière du jour arrivant ici par une petite ouverture carrée, sans vitre mais garnie d'un grillage à moustiques, qui troue, au-dessus des casiers, la paroi faisant face à la porte d'entrée. Il doit y avoir un autre accès à ce bureau, sur le côté gauche ou sur le côté droit, car la servante a maintenant un homme en face d'elle, alors que personne ne se trouvait dans la pièce — ni sur la chaise ni ailleurs — au moment où elle a ouvert la porte du palier. C'est un Chinois d'âge moyen, dont le visage sans expression est rendu plus impersonnel encore par un regard absent de myope, derrière des lunettes à fine monture d'acier. Vêtu d'un complet de coupe européenne, en tissu mince et brillant, son corps est si fluet — inexistant même, dirait-on — que la veste et le pantalon, pourtant sans ampleur excessive, ont l'air de flotter sur une simple armature en fil de fer. Les deux personnages se taisent, chacun paraissant croire qu'il appartient à l'autre de parler le premier : le Chinois parce que c'est lui qu'on dérange, la jeune fille parce qu'elle espère n'avoir rien à demander, du moment qu'elle est attendue et que l'homme avec qui elle a rendez-vous sait évidemment pourquoi elle vient. Malheureusement elle voit que celui-ci ne manifeste aucune intention de prendre la parole, ni de la faire entrer sans explication, ni même de l'inciter par un mot ou par un signe à exposer le but de sa visite, ce qui aurait pourtant facilité son discours. Elle finit donc par se résoudre à dire quelque chose de sa propre initiative. Très vite, elle balbutie une phrase hâtive, assez peu cohérente, demandant si c'est bien là qu'habite l'intermédiaire, si ce monsieur qu'elle a devant elle est celui qu'elle doit y rencontrer, si la marchandise est prête pour qu'elle en prenne livraison, comme il était convenu... Mais aucun son n'a dû sortir de sa bouche, car le petit homme au complet vide continue de la regarder, exactement comme auparavant, attendant toujours qu'elle se décide à parler. Il était en effet impossible qu'elle ait abordé tant de questions en aussi peu de mots (elle ne sait d'ailleurs même pas de quels mots il s'agit). Tout est à recommencer.

La servante essaie maintenant de s'imaginer en train de prononcer quelques paroles. Elle constate que c'est facile, mais que cela ne l'avance à rien. Il lui faut trouver autre chose. Elle pense que, dans la rue, le déluge a cessé, aussi brusquement qu'il était survenu ; le soleil, chauffant la chaussée de plus belle, fait monter de l'asphalte noir et luisant que parsèment des petits tas informes — bouillie grisâtre dont la composition ou l'origine ne sont plus discernables — une épaisse vapeur blanche qui s'effiloche, s'accumule, se traîne comme de la fumée, s'élève en volutes vite évanouies. Hommes et femmes en pyjamas de toile brillante sortent de sous la galerie et déploient de nouveau les grands parapluies noirs pour se protéger des rayons brûlants, laissant ainsi une circulation plus commode le long des étalages encombrés de chalands, entre lesquels Kim s'avance d'un pas sûr, tenant d'une main le papier sur lequel est inscrite avec précision l'adresse de l'intermédiaire chez qui elle se rend, et de l'autre la petite pochette rectangulaire, brodée de perles dorées, dont elle se sert en guise de sac à main et qui présente des formes arrondies comme si on l'avait bourrée de sable... Mais non, cette remarque ne concerne pas la pochette, qui est en fait plutôt plate, puisque Kim peut la tenir avec deux doigts tandis qu'elle s'engage sans hésitation dans l'étroit escalier de bois, qu'elle gravit du même mouvement rapide, continu, aisé, uniforme. Parvenue au palier du premier étage, elle frappe à la porte du milieu, c'est-à-dire celle qui est en face des marches. Un Chinois d'une quarantaine d'années, vêtu à l'européenne, vient aussitôt lui ouvrir. « Monsieur Tchang ? » dit-elle en anglais. Conservant ses traits impassibles, il lui répond : « Oui. C'est moi. » Elle dit : « Je viens pour la vente.

— Je ne vends rien », dit monsieur Tchang.

La servante en demeure interdite. Tout le mal qu'elle vient de se donner n'aura donc servi à rien ? « Mais, dit-elle... pourquoi ?

— Parce que je n'ai rien à vendre.

— Rien à vendre aujourd'hui ? demande encore la servante.

— Aujourd'hui ni jamais », dit monsieur Tchang.

La servante explique : « C'est de la part de madame Eva.

— Désolé, dit monsieur Tchang. Rien à vendre à madame Eva. »

Que se passe-t-il ? L'eurasienne est perplexe. Ce doit être un autre Tchang. Le petit homme translucide, devant elle, n'a pas eu un mot aimable, pas le moindre sourire, depuis le début de leur dialogue. Aucun geste, aucun changement dans la position du corps, aucun mouvement de physionomie n'a altéré son immobilité : il se tient en travers du passage, ses yeux sans vie posés sur cette visiteuse importune (dont la taille le contraint à garder la tête levée) à laquelle il interdit ostensiblement d'aller plus loin. Mais elle insiste :

« Vous connaissez madame Eva ?

— Je n'ai pas cet honneur.

— Alors, c'est une erreur... Excusez-moi... Je cherchais un certain monsieur Tchang.

— Eh bien, c'est moi, dit monsieur Tchang.

— Mais vous ne vendez rien.

— Non, dit monsieur Tchang, ici c'est pour les expertises.

— Et savez-vous s'il y a d'autres personnes dans cette maison qui s'appellent Tchang ?

— Sans aucun doute », dit monsieur Tchang. Et il referme la porte au visage de Kim, qui reste quelque temps, sur le palier redevenu sombre, à se demander ce qu'elle doit faire à présent. Elle consulte encore une fois le carré de papier qu'elle tient toujours à la main ; comme elle en connaît le texte par cœur, elle n'a pas besoin de lumière pour le relire ; l'adresse est sans ambiguïté. En se retournant, la servante aperçoit tout en bas des marches, à une distance beaucoup plus grande qu'elle ne s'y attendait, le rectangle de clarté où se découpe un morceau de trottoir, occupé par de nombreux petits personnages massés sur le seuil de l'immeuble ; ils semblent parler entre eux avec animation, faisant des gestes avec les mains et d'amples contorsions des bras, tout en levant le visage vers le haut de l'escalier dans la direction où elle-même se trouve, comme s'ils avaient entrepris une grande discussion à son sujet. Certains même font mine de s'engager dans la montée. Bien qu'elle ne soit certainement pas discernable au fond de cet obscur tunnel, Kim, vaguement inquiète, s'empresse de cogner à la troisième porte, celle de gauche, d'où elle ne voit plus la rue. Le battant s'ouvre immédiatement, avec autant de promptitude que si quelqu'un se tenait derrière, prêt à intervenir. C'est le même Chinois aux verres cerclés de fer, flottant dans son étroit costume. Il dévisage la servante du même air neutre, dont l'hostilité imaginaire ne pourrait se localiser, à la rigueur, que dans la fine monture des lunettes. Kim se trouble et jette des regards autour d'elle, afin de s'assurer que ce n'est pas, dans sa hâte, à la même porte que tout à l'heure qu'elle vient ainsi de frapper : non seulement ce n'est pas la même, mais celle-ci fait face à la précédente et la volée montante de l'escalier, qui prend entre les deux, les sépare sans risque de confusion. D'une voix de moins en moins assurée, la jeune fille commence : « Excusez-moi...

— Toujours rien à vendre », dit monsieur Tchang, en la coupant d'un ton sec. Et il lui clôt sa porte au nez, exactement comme la première fois.

N'ayant plus d'autre ressource que de partir, Kim

va redescendre. Elle fait un pas de côté et aperçoit de nouveau, en bas de l'escalier profond, les petits hommes qui s'agitent, de plus en plus nombreux, et menacent de monter à l'assaut. Elle se retire vivement hors de leur vue hypothétique, pour se mettre à gravir la volée suivante, toute semblable à l'autre mais située dans une direction perpendiculaire. Sur le palier du second étage, il n'y a que deux portes, dont la première est mise hors service par trois minces lattes de bois clouées l'une sur l'autre en travers du cadre, pour former une croix à six branches : deux horizontales et quatre obliques (qui matérialisent les diagonales du rectangle). La seconde porte est grande ouverte : c'est de là que provient la clarté diffuse qui facilitait l'ascension des dernières marches. Dans une salle assez longue, où le jour pénètre par une baie à moustiquaire de toile métallique, donnant sur une loggia surchargée de linge qui sèche, une centaine de spectateurs — des hommes pour la plupart — sont assis sur des bancs rangés en lignes parallèles ; ils regardent tous avec une attention soutenue un orateur qui fait un discours, juché sur une petite estrade à un bout de la pièce. Mais c'est un discours muet, constitué uniquement avec des gestes compliqués et rapides où les deux mains ont leur part, et qui sans doute s'adresse à des sourds de naissance.

Mais voilà que des pas qui montent se font entendre dans la partie inférieure de l'escalier, des pas vifs et lourds à la fois, appartenant à plusieurs individus courant à des rythmes différents. Ils se rapprochent si vite que la décision ne peut attendre une réflexion approfondie. Comme l'escalier ne va pas plus haut que ce deuxième étage, Kim entre d'un air dégagé dans la salle de conférence, où, avec l'assurance et le naturel de celle qui serait venue exprès ici dans l'intention d'assister à cette séance, elle s'assoit sur l'extrémité inoccupée d'un banc. Pourtant des têtes se tournent vers elle et peut-être s'étonnent de sa présence ; ses voisins se font entre eux des signes avec les doigts, analogues à ceux du conférencier. Kim se rend compte alors d'un détail important : ce n'est pas des hommes surtout qu'il y a autour d'elle, mais uniquement des hommes. Elle se demande quel peut bien être le sujet de l'exposé qui les réunit là ; il existe tant de problèmes qui ne concernent pas les femmes, ou qu'on ne saurait du moins traiter devant elles (ce qui rendrait sa situation encore plus gênante). La question de savoir s'il s'agit d'un discours en anglais ou en chinois ne devrait en tout cas pas se poser. (Est-ce certain ?) Deux nouveaux arrivants apparaissent à la porte d'entrée (ont-ils l'air essoufflés par une montée trop rapide ?) qui donnent un coup d'œil circulaire à la recherche de places libres, peu nombreuses et difficiles à déterminer à cause de l'absence de sièges individuels. Dès qu'ils en ont repéré deux situées côte à côte, ils se hâtent de les occuper. Est-ce leurs pas que l'on entendait résonner sur les marches de bois ? Est-ce aussi des gestes de sourds-muets qu'échangeaient les petits hommes sur le trottoir, dans le rectangle de lumière ?

C'est maintenant un policier anglais en chemisette, short kaki et chaussettes blanches, qui s'encadre dans l'embrasure de la porte. Les jambes écartées, la main droite posée sur l'étui du revolver, il donne l'impression d'être posté là en faction. Cette réunion serait-elle politique ? Quelque meeting de propagande communiste aurait-il, plus que les autres, inquiété le commissariat central de Queens Road ? C'est très improbable. Ou bien un malfaiteur se serait-il dissimulé parmi le public afin d'échapper à ses poursuivants ? Rien n'a changé cependant dans le comportement de l'orateur sur l'estrade, ni dans celui des spectateurs sur leurs bancs. Kim tout à coup, sans raison précise, est persuadée que cette intervention insolite de la police est en rapport avec la mort du Vieux ; elle estime en conséquence plus prudent d'éviter que ce gardien tardif de l'ordre ne découvre sa propre présence dans la maison. Elle prend d'abord la sage précaution de déchirer en menus fragments, qu'elle éparpille sur le sol au fur et à mesure, en catimini, le bout de papier portant l'adresse compromettante. Puis, profitant de ce que le gendarme s'est tourné de l'autre côté, dos à la salle, elle se lève avec le maximum de discrétion et se dirige vers le fond de la longue pièce où s'ouvre une porte à deux vantaux, percés chacun d'un petit hublot rond muni d'une vitre. Bien que cette issue, par ces hublots traditionnels comme par son système de charnières à va-et-vient, semble la voie d'accès normale à toute salle de réunion ou de spectacle, une pancarte y est apposée où se détache en rouge sur fond blanc un idéogramme populaire imprimé, signifiant que le passage est interdit. Kim pousse un des battants avec douceur, il cède sans effort, et elle se glisse par l'entrebâillement. Avant que le panneau, à ressort automatique de rappel, ne se soit entièrement refermé, elle a le temps de voir par l'ouverture décroissante tous les visages jaunes qui se sont d'un seul mouvement retournés vers elle. Les deux bords de la fente se rejoignent aussitôt.

Au bout d'un couloir compliqué, obscur, qui change plusieurs fois de direction à angle droit, la jeune fille, dont le pas se hâte de plus en plus, débouche sur un escalier que précipitamment elle se met à descendre ; l'étroitesse et la hauteur inusitée des marches accélèrent encore sa course : elle saute les degrés deux par deux, trois par trois, elle en manque aussi qui échappent tout à fait à son contrôle ; elle a la sensation pénible de voler. Cet escalier n'est pas rectiligne, selon ce qu'elle avait cru d'abord, mais en spirale très raide. Au passage, elle déchiffre une carte de visite fixée sur une porte par quatre punaises : « Tchang. Intermédiaire », en anglais naturellement. Elle continue sa descente.

Elle est à présent dans un petit bureau encombré de dossiers. Elle a perdu quelque chose. Elle fouille fébrilement dans les chemises en carton de couleur, sans se fier aux inscriptions factices qui ont été calligraphiées dessus ; ou alors c'est que les inscriptions correspondent bien au contenu théorique de la chemise, mais il s'agit d'y retrouver un document égaré, inséré par mégarde, ou plutôt par souci de le dissimuler, dans un dossier concernant des affaires sans aucun rapport avec ce qu'elle cherche. Ensuite elle est dans une cour où ont été abandonnés divers objets au rebut : plaques de marbre scié, lits de fer, animaux empaillés, vieilles caisses, statues mutilées, collections dépareillées d'illustrés chinois pornographiques... (cet épisode, déjà passé, n'a plus sa place ici). On voit maintenant la jeune eurasienne acculée dans l'angle d'une chambre cossue, près d'une commode de laque au galbe souligné par des ornements en bronze, toute fuite coupée par un homme à la barbiche grise, taillée avec soin, dont la haute stature se dresse au-dessus d'elle. Mais voilà que le grand chien noir entre en scène ; attaché à un anneau dans le hall de l'immeuble, au rez-de-chaussée, il a dû sentir soudain que sa maîtresse était en péril, et il a tiré si violemment sur sa laisse qu'une patte de cuir a cédé du premier coup, au niveau du collier ; après avoir poussé sans mal le battant de verre donnant sur la cage de l'escalier, l'animal, qui n'a pas eu la plus minime hésitation quant au chemin à prendre, est arrivé en quelques bonds au cinquième étage.

Comme d'habitude, Manneret avait laissé ouverte la porte de son appartement. Avant qu'il ait eu le temps de se retourner, le chien a sauté sur lui par derrière et lui a brisé la nuque d'une seul claquement des mâchoires. Edouard Manneret, tué sur le coup, gît ensuite sur le plancher de sa chambre (ou cabinet de travail ?), étendu de tout son long, etc., tandis que la servante, qui n'a pas fait un geste, le contemple du même visage angoissé qu'elle avait au début de la scène, avant l'arrivée du chien. Si ce visage est angoissé, ce n'est cependant que pure imagination, puisque jamais aucune de ses lignes ne trahit le moindre sentiment. De même lorsqu'elle se tient devant une table en bois blanc, debout, rigide, etc., avec un Chinois d'âge incertain assis en face d'elle ; c'est évidemment l'intermédiaire, qu'elle a donc enfin réussi à joindre et qui d'ailleurs ressemble trait pour trait au faux monsieur Tchang, celui des expertises, à l'exception toutefois du perpétuel sourire extrême-oriental — qui n'est pas un sourire — dont cette figure-ci est affectée. La servante extrait de la pochette en perles dorées l'argent que lui a confié Lady Ava. Monsieur Tchang compte les billets d'un doigt preste et dit : « C'est correct. » Après quoi, il lui désigne, d'un mouvement à peine ébauché de la main, une petite porte de côté dont elle n'avait pas encore remarqué l'existence. Cette porte donne sur un vestibule très exigu, dont le plafond à forte pente devrait correspondre à un toit en mansarde, ce qui est absolument impossible étant donné l'emplacement de la pièce et la structure générale de la maison ; ce vestibule donne accès à un second bureau, assez semblable à l'autre mais vide de tout meuble comme de toute paperasse. C'est là que se trouve la jeune Japonaise (nommée Kito) sous la garde du chien. Sans avoir à revenir en arrière, ils sortent tous les trois directement sur le palier, par la porte située en face de celle par où la servante se rappelle être entrée au début, porte peinte du même brun et munie de la même poignée de bois, usée et sale. Le petit vestibule passait ainsi sous l'escalier montant au second. Il n'y a plus qu'un étage à descendre pour se retrouver dans la galerie couverte de Queens Road, déserte à cette heure. Quelques invraisemblances subsistent dans ce qui précède ; cela s'est pourtant déroulé, en tout point, de cette façon. La suite a déjà été rapportée.

Je reprends et je résume. Kito — on l'a compris — est destinée aux chambres du deuxième étage de la Villa Bleue. Elle sera ensuite cédée par Lady Ava à un Américain, un certain Ralph Johnson qui cultive le pavot blanc à la limite des Nouveaux Territoires. L'histoire de la petite Japonaise n'ayant pas d'autre lien avec le récit de cette soirée, il est inutile d'en relater plus en détail les différentes péripéties. L'important, c'est que Johnson, ce jour-là... Ça fait du bruit, là-haut, ça fait du bruit. Ça tape de plus en plus fort, la cadence se précipite. Le vieux roi fou a une canne à bout ferré, avec laquelle il scande sa marche sur le plancher du couloir, un long couloir qui traverse tout l'appartement, de bout en bout. Ai-je dit que ce vieux roi s'appelait Boris ? Il ne se couche jamais, puisqu'il n'arrive plus à dormir. Quelquefois seulement il s'allonge dans un rocking-chair et il se balance pendant des heures, en frappant le sol du bout de sa canne, à chaque va-et-vient, pour entretenir le mouvement de pendule. J'étais en train de dire que, ce soir-là, John-

son, qui avait par hasard été le témoin immédiat
de la fin tragique de Georges Marchant, trouvé mort
dans sa voiture à Kowloon, non loin de l'embarcadère où l'Américain arrivait quelques instants plus
tard pour prendre le bac de Victoria, que Johnson,
donc, avait, dès son arrivée à la Villa Bleue, raconté
le suicide du négociant, dont il attribuait comme
tout le monde la conduite à un excès d'honnêteté
commerciale, dans une affaire où ses partenaires
avaient montré beaucoup moins de scrupules. Il
semble hélas que son récit — aussi coloré que fertile
en émotions — ait vivement frappé l'esprit d'une
jeune fille blonde appelée Laureen, amie de la maîtresse de maison dont on la disait même pupille, qui
venait précisément de se fiancer avec cet infortuné
jeune homme. A partir de ce jour-là, Laureen chan-
gea complètement de vie et presque de caractère :
de sage, studieuse, réservée, qu'elle était auparavant,
elle se jeta, par une sorte de passion désespérée en
quête du pire, dans les excès les plus dégradants.
C'est ainsi qu'elle devint pensionnaire d'une maison
de luxe dont la directrice n'est autre que Lady Ava.
Et c'est cette dernière qui, montrant sur l'album à
Sir Ralph les filles disponibles, commente par cette
sombre anecdote la photographie où sa dernière
acquisition apparaît en traditionnelle quépière noire
et bas de résille, sans rien d'autre dessous ni dessus.

Sir Ralph examine avec soin l'image qu'on lui
présente. Il estime la proposition intéressante, bien
que le prix lui paraisse élevé. Après quelques ren-
seignements intimes complémentaires, suivis d'un
long moment de réflexion, il se déclare preneur, à
l'essai. Lady Ava lui répond qu'elle était, pour sa
part, certaine de cette acceptation et qu'il n'aurait pas
à s'en plaindre. Les présentations doivent s'effectuer
au cours de la réception du même soir, dont le

déroulement a fait l'objet de plusieurs relations détaillées. C'est ce même Ralph Johnson dont les allées et venues trop fréquentes entre Hong-Kong et Canton avaient fini par attirer l'attention des autorités politiques de la concession anglaise. Aussi était-il presque toujours suivi par des agents en civil, espions de troisième ordre mécontents de leur solde, qui notaient sans conviction quelques-uns de ses déplacements dans le seul but de remplir des fiches, faites davantage pour témoigner de leur propre activité de la journée que pour renseigner de façon exhaustive sur celle du suspect confié à leurs soins. La plupart de ces employés contractuels des services secrets britanniques travaillaient clandestinement pour des organismes privés, qu'ils ne servaient guère avec plus de zèle ou d'intelligence, mais dont les enquêtes minables occupaient néanmoins une grande partie de leurs instants. Les moins bornés d'entre eux avaient en outre été rachetés en sous-main par les multiples émissaires envoyés de Formose ou de Chine rouge, au nombre desquels il fallait sans doute compter Johnson lui-même ; si bien que l'emploi du temps de sa soirée — établi par de tels observateurs — ne comportait même pas de visite à la Villa Bleue : il avait tout simplement regagné l'hôtel Victoria pour le dîner et n'en était plus ressorti. C'est le portier de nuit qui a fourni le renseignement, moyennant un gros pourboire.

Johnson occupe dans cet hôtel — autrefois luxueux mais depuis longtemps passé de mode — une suite composée de vestibule, salon, chambre à coucher, terrasse et salle de bains. Il y est rentré à sept heures un quart, il a constaté que la fouille hebdomadaire de ses papiers avait eu lieu, avec la maladresse coutumière, dans les tiroirs du bureau et du classeur, et il est allé prendre sa douche. Il a ensuite regardé le courrier. Les lettres arrivées de Macao dans l'après-midi ne contenaient rien de notable. Johnson sait bien, de toute façon, qu'aucune affaire importante ne peut se traiter par la poste, puisque les officiers de renseignement ouvrent sa correspondance avant qu'on la lui remette. Il achève de s'habiller (d'un costume léger en popeline blanche), tout en annotant l'épreuve d'un placard publicitaire qu'il doit renvoyer après correction. L'ennui d'avoir à mettre une chemise de soie et son smoking trop lourd, par une telle chaleur, lui a fait renoncer à la réception chez Lady Bergmann ; il en relit le carton, où figure la mention imprimée « cocktail, dancing », et les mots « représentation théâtrale à onze heures » rajoutés à la main (pour une partie seulement des invités) ; il le déchire en deux, puis le jette à la corbeille. Il téléphonera demain pour excuser son absence par une migraine. En dînant de viande fade et de légumes bouillis, dans la grande salle à manger presque vide, il parcourt le « Hong-Kong Evening ». C'est là qu'il voit, par hasard, l'entrefilet annonçant le décès d'Edouard Manneret.

L'article est très bref, dans le genre « En dernière minute, nous apprenons la mort accidentelle de..., etc. » Rien n'est dit sur la nature exacte de ce prétendu accident ; et il n'y a, bien entendu, aucune allusion à Kito. Néanmoins, il faut revenir à présent sur les relations de Johnson avec la petite Japonaise. L'Américain ne l'a utilisée que très peu pour ses plaisirs personnels, puisque — comme il a été dit — ses sens trouvaient ailleurs leur plein emploi : la fille servait seulement d'appoint, de personnage secondaire, dans quelques compositions où Laureen conservait toujours le premier rôle — sinon le plus doux. C'était du temps où Kito était pensionnaire de la villa ; si Johnson l'en retira par la suite, ce fut, dans un usage tout différent, pour la soumettre aux expériences d'envoûtement sur lesquelles il fondait sa richesse future, qu'il voyait déjà considérable. (Ses revenus actuels, reposant sur des affaires bien établies à Macao et à Canton, étaient de dimensions plus modestes.) Il convient de préciser ici que les cultures de plantes toxiques qu'il avait développées depuis peu, du côté de la frontière, contenaient bien d'autres espèces que le pavot, le chanvre et l'érythroxyle : en fait Johnson vendait, dans les quartiers chinois du monde entier, de l'océan Indien jusqu'à San Francisco, toutes sortes de remèdes, poisons, liqueurs de jeunesse, philtres d'amour, aphrodisiaques, dont les effets — décrits en termes alléchants par des prospectus illustrés, ou par les réclames des magazines à la clientèle particulière — ne relevaient pas uniquement de la fantaisie du vendeur. Sa dernière idée, qui effacerait la gloire des trop célèbres « baumes du Tigre », était une préparation appartenant pour moitié à la science des plantes et pour moitié à la magie, dont il avait découvert la recette dans une édition récente d'un livre religieux de l'époque Tchéou. Mais Johnson n'était ni sorcier, ni pharmacien, ni botaniste. Il avait seulement des dons certains pour le commerce, qu'il exerçait souvent aux dépens de ses associés : il s'était lié, par exemple, sous l'étiquette d'une des nombreuses sociétés qu'il fondait à tout propos, avec un jeune Hollandais de bonne famille, nommé Marchant, qui avait fini par se suicider pour des raisons restées obscures, mais certainement liées à leurs entreprises communes, à propos desquelles lui-même ne s'était jamais senti dans le moindre embarras. L'homme dont il avait besoin cette fois-ci, pour la mise au point et l'expérimentation du breuvage, à la fois médecin, chimiste et vaguement féticheur, c'était le fameux Edouard Manneret, qui possédait en outre — disait-on — une fortune colossale et ne mettait probablement aucune intention lucrative dans l'exercice de ses talents. Il était en revanche atteint de vampirisme et de nécrophilie, si bien que la mort de Kito, sur qui le nouveau produit démontrait son efficacité par l'empire absolu qu'il laissait au bénéficiaire, avait dû bientôt être passée dans les pertes et profits de l'association.

La police ne s'inquiète pas pour la disparition d'une prostituée, même mineure ; d'autant plus que la petite Japonaise, arrivée clandestinement de Nagasaki sur une jonque de contrebandiers, ne figurait dans aucune liste d'état civil ou d'immigration. Son corps exsangue, marqué seulement d'une minuscule plaie à la base du cou, juste au-dessus de la clavicule, fut vendu pour être servi à différentes sauces dans un restaurant réputé d'Aberdeen. La cuisine chinoise a l'avantage de rendre les morceaux méconnaissables. Il est évident, néanmoins que l'origine en fut dévoilée — avec preuves à l'appui — pour quelques clients des deux sexes aux goûts dépravés, qui acceptaient de payer le prix fort pour consommer ce genre de chair ; préparée avec un soin spécial, elle leur était présentée au cours de festins rituels dont la mise en scène, ainsi que les divers excès auxquels ces réunions donnaient lieu, nécessitaient un cabinet particulier situé à l'écart des salles publiques. Le gros homme au teint rouge s'étend avec une précision complaisante sur certains des égarements commis dans ces circonstances, puis il continue son récit. Manneret, qui s'était ainsi débarrassé de manière ingénieuse d'une encombrante pièce à conviction, avait eu le tort de venir lui-même participer à l'une de ces cérémonies. L'euphorie des vins aidant, un convive (policier déguisé qui n'appartenait à la secte que dans l'espoir d'en tirer un profit malhonnête) put recueillir de sa bouche, vers la fin du dîner, des propos qui, pour n'être pas très clairs, donnèrent cependant à l'indiscret l'envie d'en savoir plus long. Une adroite enquête, menée auprès des domestiques et des voisins de l'appartement de Kowloon, lui révéla qu'il ne s'était pas trompé en suivant cette piste, dont une bifurcation le mena ensuite jusqu'à la plantation des Nouveaux Territoires et à l'Américain Ralph Johnson.

Quand le policier en connut assez sur la mort de Kito, il voulut évidemment faire chanter Manneret, puisque d'une part sa responsabilité dans le crime était la plus directe, et qu'il possédait d'autre part de quoi payer une somme supérieure pour prix de son impunité. Le tour de Johnson viendrait plus tard. Ce qui se passe alors est demeuré confus. Sans doute Manneret, par orgueil et par insouciance, refusa-t-il d'acheter un silence que rien d'ailleurs ne lui garantissait. Ou bien feignit-il d'accepter, pour attirer le gêneur dans un piège et se défaire de lui d'une autre façon ? Toujours est-il que, au moment où celui-ci se présente au domicile du milliardaire, dans cet immeuble au luxe ultra-moderne avec ses labyrinthes de glaces et ses parois escamotables. Edouard Manneret lui fait ouvrir sa porte et le reçoit en personne dans son bureau, lui tendant un siège et le traitant avec cordialité, bien qu'en lui parlant d'autre chose selon son habitude dans les cas semblables. Il demande à son visiteur s'il est depuis longtemps à la colonie, si le pays lui plaît, s'il supporte bien le climat malgré le dur métier qu'il doit faire, etc. Tout en discourant, et sans s'occuper du fait que l'autre ne répond que par des monosyllabes (gênés, agacés, méfiants ?), il prend la peine de lui servir l'apéritif

122

de ses propres mains, s'excusant même d'être obligé de lui tourner le dos quelques secondes pendant qu'il s'affaire au-dessus du petit bar.

Un instant plus tard, ils sont assis l'un en face de l'autre : le policier marron dans un fauteuil en tubes d'acier, avec posé près de lui (sur l'étroit plateau attenant au bras) le verre à pied en fin cristal contenant un liquide de la couleur du sherry, et Manneret lui-même dans son rocking-chair, où il se balance en souriant tandis qu'il poursuit la conversation. A deux reprises, son peu loquace interlocuteur saisit le pied taillé de la coupe et soulève celle-ci pour porter le breuvage à ses lèvres ; mais, chaque fois, il le repose sur la tablette, sous prétexte d'écouter avec une plus complète attention ce que lui dit le maître de céans, si bien que ce dernier choisit alors de se taire ; et il fixe le policier comme s'il cherchait à le mettre mal à l'aise, dans l'espoir qu'il boira enfin pour se donner une contenance. En effet, l'homme recommence son geste, déjà deux fois interrompu ; mais, au dernier moment, son regard rencontre, au-dessus de la barbiche grise taillée avec soin et du mince nez busqué, les yeux trop brillants aux paupières légèrement plissées qui l'observent avec ce qui lui semble être une anormale tension. Se souvient-il soudain des cultures inquiétantes pratiquées par Johnson ? Découvre-t-il que l'apéritif de son hôte, qui en a déjà bu plusieurs gorgées, n'a pas tout à fait le même aspect que le sien ? Il fait un geste brusque de la main gauche, le mouvement de celui qui voudrait chasser un moustique (excuse absurde dans cette maison climatisée, dont les fenêtres ne peuvent s'ouvrir pour laisser entrer des insectes) et voilà que le verre qu'il tient de l'autre main lui échappe et choit sur le sol de marbre, où il se brise en cent morceaux... Les éclats qui étincellent au

milieu du liquide répandu, les éclaboussures proje-
tées dans toutes les directions autour d'une flaque
centrale étoilée, le pied du verre demeuré presque
intact et ne portant plus, à la place de la coupe,
qu'un triangle de cristal recourbé, pointu comme un
poignard, tout cela est connu depuis longtemps. Mais
je demande à Lady Ava pourquoi le maître-chan-
teur n'a pas, dès son arrivée chez Manneret, ce
soir-là, exposé son intention d'obtenir sur-le-champ
le versement d'un premier acompte, puisque les
choses en étaient arrivées à ce point.

« Il a bien dit sans doute pourquoi il venait,
répond-elle ; le Vieux a dû faire semblant de ne pas
entendre la phrase, et il l'a noyée dans ses histoires
de dur travail, de climat et de boissons. L'autre a
préféré ne pas brusquer l'entretien, sûr d'avoir en
mains toutes les bonnes cartes et ne pensant rien
perdre à quelques minutes de bavardage, qui lais-
saient à son client le temps de la réflexion.

— Manneret n'avait-il pas eu déjà plusieurs jours
pour réfléchir ?

— Non, dit-elle, ce n'est pas certain. Son aimable
accueil venait peut-être précisément de ce qu'il ne
savait pas encore au juste ce que lui voulait ce personnage, rencontré une fois dans un dîner, à Aberdeen, et qui se présentait sous un prétexte quelconque : une opération immobilière, par exemple.

— Manneret avait des bureaux pour traiter ces
questions-là. Même les chèques étaient maintenant
signés par son fondé de pouvoir. Il ne s'occupait
plus personnellement que des très grosses affaires ;
et encore, pas avant qu'elles ne soient passées par
les mains de ses hommes de confiance, qui les étu-
diaient en détail et lui soumettaient ensuite le résultat de leurs calculs. »

Lady Ava réfléchit à cet aspect du problème, qui

la prend un peu au dépourvu, car il n'a encore jamais été fait allusion aux activités professionnelles de Manneret. Mais elle se ressaisit très vite : « Eh bien, dit-elle, le prétexte pouvait avoir un caractère plus intime : les sujets ne manquaient pas avec lui.

— Donc un sujet intime, mais sans rapport avec la mort de Kito ?

— Oui, c'est cela : il proposait des petites filles, ou de l'héroïne, ou n'importe quoi.

— Pourtant, si Manneret n'avait pas eu de bonnes raisons de se croire en danger, il n'aurait pas essayé aussitôt d'empoisonner son visiteur, ou de le droguer, ou quelque chose du même genre.

— Qui vous dit qu'il l'ait fait ?

— Ce détail du verre rempli en tournant le dos, avec un liquide qui n'avait pas tout à fait la même couleur que le véritable sherry de la bouteille ?

— Mais non ! Ça pouvait être seulement l'imagination du policier véreux, ou sa mauvaise conscience. Ces gens-là sont méfiants, par principe. Et, de toute façon, il ne risquait rien à se débarrasser du breuvage en question, du moment qu'il le suspectait, aussi peu soit-il.

— Bon. Mettons que les choses se passent comme vous dites : l'homme vient censément proposer de la poudre, Manneret parle de la pluie et du beau temps, pour sonder le terrain et voir s'il n'a pas affaire à un agent provocateur ou à un filou. Bon... Que signifiait la phrase sur le « dur métier » de son visiteur ?

— Je ne sais pas... L'autre avait peut-être dit tout de suite qu'il était flic, pour inspirer confiance.

— Mettons. Ensuite, le policier explique le but réel de sa visite et il réclame de l'argent. Avance-t-il un chiffre ?

— Non. Il doit d'abord procéder par allusions :

ne croyez-vous pas que vous auriez intérêt, cher monsieur, à ce qu'on n'apprenne pas la façon dont... Vous voyez ?

— Très bien. Et Manneret fait celui qui n'a pas entendu, il boit son sherry à petites gorgées en se balançant et continue à discourir de choses et d'autres. Il se peut même qu'il n'ait véritablement pas compris ce qu'on lui veut, si les insinuations étaient par trop embrouillées. L'autre ne se presse pas : il estime qu'il a le temps et qu'il finira bien par gagner la partie... Pourquoi, alors, a-t-il tué Manneret, quelques minutes plus tard ?

— Oui, dit-elle, c'est la question qui se pose.

— Une seconde question est celle de la forme exacte du verre : on n'offre pas du sherry dans une « coupe ». Et, d'autre part, l'éclat pointu de cristal qui prolonge le pied, pouvant ainsi servir de « poignard », ne correspond guère à un galbe très évasé.

— Non, évidemment. Ça devait être un vase plus haut que large, et conique plutôt qu'à fond arrondi : quelque chose dans le genre « flûte »...

— Et le cristal n'en était certainement pas aussi mince que celui d'une coupe ou d'une flûte à champagne, pour qu'il ait pu être utilisé comme arme, et mortelle par surcroît.

— Mais en réalité, dit-elle, ce n'est pas cette arme-là qui l'a tué. Il s'agit d'une mise en scène destinée à camoufler le crime en accident. Le meurtrier s'est servi d'un stylet chinois à lame télescopique enduite de poison qui, une fois plié, se dissimule facilement dans n'importe quelle petite poche, ou même au creux de la paume. C'est après coup qu'il a disposé le corps sur les débris du verre cassé, comme si la blessure à la base du cou avait été produite par la pointe de cristal tenant encore au pied : Manneret serait tombé un verre à la main... », etc.

L'assassin avait rajouté quelques éléments pour parfaire le tableau : une petite ampoule vide ayant contenu de la morphine, destinée à expliquer le peu d'équilibre du milliardaire au moment de sa chute bizarre, une paroi mobile en glace à demi refermée — quasi invisible — contre le bord de laquelle il aurait buté, enfin le réveil-matin situé de l'autre côté de cette vitre, sur le bureau, avec l'aiguille de la sonnerie placée sur l'heure exacte du décès... Le réveil sonnait ; pour arrêter ce bruit irritant, Manneret s'est levé de son fauteuil à bascule, gardant son verre de sherry à la main ; il n'a pas vu, dans sa précipitation et sa maladresse de drogué, que la cloison de verre qui s'avance en travers de sa route lui barre à moitié le passage. Par souci de décoration plus que de vraisemblance, le metteur en scène enlève encore les chaussures du cadavre et les lui remet en les intervertissant : la chaussure droite au pied gauche, et la chaussure gauche au pied droit. Ultime détail avant de quitter le plateau, avec la plume et l'encre du défunt, sur la feuille même où il était en train d'écrire, après les derniers mots qu'il avait tracés d'une main hésitante — une demi-ligne environ à la fin d'un long paragraphe interrompu qui descend déjà jusqu'au milieu de la page : « voyage lointain, et non pas gratuit » — il termine en imitant son graphisme incertain : « mais nécessaire » ; puis il dessine un poisson ovale, avec ses trois nageoires, sa queue triangulaire et son gros œil rond.

C'est dans cet état que Kim trouve les choses, lorsqu'elle pénètre dans l'appartement, n'ayant eu qu'à pousser la porte dont la serrure n'était pas close, ce qui l'a étonnée. Elle s'arrête au milieu du vestibule, l'oreille aux aguets. On n'entend pas un bruit dans toute la maison. Elle pense que Manneret est encore à sa table de travail, dans le bureau. Elle se dirige de ce côté, silencieusement comme à son habitude. Dans le fumoir, séparé du bureau par une paroi de glace qui se trouve en partie fermée, elle voit le Vieux étendu par terre de tout son long, sur le ventre. La tête seule est tournée de côté, la main gauche tient encore le pied d'un verre brisé qui lui a transpercé la gorge dans sa chute. Tout autour il y a des débris de cristal, du vin de Xérès répandu, et du sang, mais en assez faible quantité. Kim s'approche à très petits pas, feutrés, comme si elle craignait de réveiller le mort, sur le visage de qui elle garde les yeux fixés. En apercevant la fine blessure et la pointe de verre qui y pénètre, la jeune servante ne peut s'empêcher de porter la main à son propre cou, à cet endroit où, juste au-dessus de la clavicule gauche, ses doigts rencontrent la petite cicatrice encore fraîche. Alors sa bouche s'ouvre progressivement et elle se met à hurler, sans quitter du regard le cadavre, et cette fois son cri emplit tout l'appartement, toute la maison, toute la rue...

Mais non. C'est toujours le même hurlement muet, qui n'arrive pas à sortir de sa gorge, tandis qu'elle dévale l'escalier en sautant les marches deux par deux, trois par trois. A son passage, les portes s'ouvrent, des silhouettes noires s'encadrent dans les embrasures, à contre-jour sur le fond vivement éclairé des vestibules, ce qui empêche de distinguer les visages. On devine pourtant que ce sont des hommes, d'après leur costume, qui surgissent à chaque palier et se lancent à sa poursuite. Ils ont dû voir le corps du Vieux, ou le sang qui coule à travers les plafonds, et ils croient que c'est elle qui l'a tué. Ils sont plus nombreux d'étage en étage. Elle saute les marches quatre par quatre, cinq par six, mais ses fines chaussures dorées ne font aucun bruit sur le revêtement élastique du sol, et les autres aussi, derrière elle, courent dans l'ouate de plus en plus vite... Ils semblent toutefois ne pas gagner de terrain sur la criminelle qui s'enfuit, car, lorsque celle-ci se retourne pour regarder en arrière, elle n'aperçoit que l'escalier vide et silencieux.

Puis, sans qu'elle y ait pris garde, il y a quelqu'un qui se trouve tout près d'elle, en train déjà de descendre la dernière volée qui mène au palier où elle-même vient de faire halte. L'endroit par bonheur est très peu éclairé. Kim recule doucement jusqu'à un recoin tout à fait sombre, où elle se colle contre la paroi. Sa robe noire l'aidera encore à passer inaperçue... Heureusement, car le personnage qui s'approche est sans aucun doute à sa recherche ; c'est un homme de haute taille, portant la barbiche, et muni d'une canne à bout ferré. Vêtu avec élégance d'un costume de coupe sévère, il a une démarche ferme et souple : le jonc ne peut être qu'un attribut ornemental, ou offensif. Quand il arrive en face d'elle, Kim, sur le moment, a l'impression que c'est le Vieux, mais aussitôt elle se souvient qu'elle l'a tué. C'est donc seulement quelqu'un du même âge et qui lui ressemble. Il regarde à droite et à gauche, afin de découvrir où se cache la coupable ; pourtant, il passe sans la voir devant la servante tapie dans l'angle du mur, glacée de peur et prête à s'évanouir à force de retenir sa respiration. Il s'éloigne un peu, s'appuie à la rampe et se penche par-dessus, pour examiner la partie inférieure de la cage d'escalier. Sûre d'être bientôt découverte, Kim porte à sa bouche et l'y introduit le morceau de papier plié en quatre qui contient l'adresse compromettante ; elle l'humecte de salive, le mordille et le roule sous sa langue, le malaxe avec application, de manière à le

129

gonfler en une boule bien glissante, qui se transforme d'un seul coup en une pâte liquide, gluante et fade, qu'elle avale avec dégoût. Mais le bruit presque imperceptible de ses lèvres, sur la petite feuille encore raide, au début de l'opération, a dû attirer l'attention du chasseur : il se retourne et inspecte le palier dans toutes les directions. Ensuite il va vers une des portes, à pas de loup, et approche sa joue du panneau de bois verni, pour écouter ce qui se passe à l'intérieur ; probablement n'entend-il rien qui l'intéresse, car il revient jusqu'aux barreaux de fer, équidistants, parallèles et verticaux, qui soutiennent la rampe. Il y applique aussi l'oreille, comme dans l'espoir d'enregistrer des vibrations révélatrices du métal. N'obtenant pas plus de résultat, semble-t-il, il commence à descendre la volée suivante.

Mais, au bout de trois ou quatre marches, il s'arrête encore et paraît se raviser : pris de quelque scrupule, il s'apprête à remonter. Kim s'aperçoit, alors, que la porte qui se trouve à proximité de sa cachette n'est pas tout à fait close. Elle en pousse le battant avec douceur, sans le faire grincer, juste ce qu'il faut pour se glisser à l'intérieur. Une fois la porte refermée dans la position où elle était auparavant, l'obscurité du lieu est totale. Aussitôt, Kim se sent frôlée par des mains, deux grandes mains qui s'avancent à tâtons et parcourent en tous sens la soie lisse et mince de sa robe. Elle se mord violemment la lèvre inférieure pour s'empêcher de crier, tandis que les caresses deviennent plus précises, plus insistantes. A l'extérieur, l'homme est revenu sur le palier : il a remarqué lui aussi la porte mal jointe. (Est-ce à cause des mouvements de Kim ?) Elle l'entend qui gratte avec ses ongles, comme s'il tentait de déceler quelque système dont la manœuvre allait lui livrer le passage. Elle appuie plus fort sur

130

le panneau, en silence, afin de le bloquer contre son cadre et faire croire à l'homme que la serrure est verrouillée. Mais la pression augmente, en même temps, de l'autre côté. La jeune femme s'arqueboute et tend tous les muscles de son corps, tandis que les deux grandes mains continuent à explorer ses aisselles, ses seins, sa taille, ses hanches, son ventre, ses cuisses. Elle se cramponne en se plaquant de tout son poids, de toutes ses forces, tant et si bien que le pêne en biseau finit par fonctionner de lui-même, pénétrant dans la gâche où il claque avec un bruit sec, comme un coup de feu, qui résonne en se répercutant dans toute la maison.

En même temps, la lumière s'allume. Dans le vestibule, Edouard Manneret vient à sa rencontre. C'est lui qui a pressé le bouton électrique. La jeune servante eurasienne reprend son souffle. « J'ai trouvé la porte entrouverte, dit-elle... Je suis entrée... » Le Vieux a toujours son même demi-sourire et ses yeux trop brillants. Il dit : « Mais vous avez bien fait. Vous êtes chez vous... Je vous attendais. » Puis, après un temps d'arrêt pendant lequel il l'observe avec une insistance gênante : « Vous avez couru ?... Vous n'avez pas pris l'ascenseur ? » Elle répond que non, qu'elle a seulement marché vite, et qu'elle est montée à pied, à cause du chien. Et, comme il lui demande où est le chien, Kim explique qu'elle l'a laissé, comme d'habitude, attaché par sa tresse de cuir à un anneau, dans le hall. On sait que l'animal se libérera tout seul, sentant sa maîtresse en danger, etc.

Si Manneret vient déjà d'être assassiné, cette scène se passe auparavant, de toute évidence. Et c'est maintenant monsieur Tchang, l'intermédiaire, qui arrive à la rencontre de Kim, dans la petite pièce où elle pénètre à l'instant. (Le bruit de la serrure qui claque, lorsqu'elle a repoussé la porte, est encore dans ses oreilles.) Monsieur Tchang a toujours son même demi-sourire, si répandu en Extrême-Orient où il n'est probablement qu'une marque de politesse. Il lui demande si elle a couru. Muette comme de coutume, elle fait un petit mouvement de tête pour dire non. Il ne la questionne pas au sujet du chien. C'est ce jour-là que l'intermédiaire lui remet l'enveloppe de gros papier brunâtre, bourrée de quarante-huit sachets de poudre. Elle redescend aussitôt et se retrouve au milieu de Queens Road, dans la cohue bruyante et ensoleillée des pousse-pousse, des pyjamas en toile noire lustrée, des marchands de poissons et d'épices, des porteurs aux épaules courbées sous le long fléau traditionnel, aux deux extrémités duquel sont accrochés les paniers de jonc. Lorsque Kim rentre à la maison, la vieille lady, seule dans sa chambre, ne remarque pas que la robe de soie blanche est toute défraîchie, froissée, salie de marbrures grisâtres qui parcourent de larges zones ou l'éclat de l'étoffe a entièrement disparu. La jolie servante sera seulement punie pour avoir laissé le chien noir pénétrer dans un immeuble climatisé.

En effet la jeune fille a été contrainte d'avouer sa faute. Pour ne pas dire qu'elle a simplement attaché la précieuse bête à un anneau, n'importe où, elle préfère toutefois la version — qu'elle estime moins dangereuse — du balayeur qui se tenait au bas des marches : elle lui a confié le chien, mais il a laissé échapper le bout de la tresse de cuir, par indolence, et l'animal s'est précipité pour rejoindre sa maîtresse, entraînant la laisse qui vole par derrière et fouette les marches de bois. L'employé municipal en chapeau chinois ramène alors son bras, qui ne tient plus rien, vers le manche du balai. Un sourire vague flotte sur

132

sa bouche et ses yeux. Il n'y a plus qu'à se remettre à balayer. Au bout du faisceau de paille de riz, recourbé par l'usage, apparaît un nouvel exemplaire de la même revue illustrée ; c'est le douzième au moins qu'il ramasse depuis qu'il a commencé son travail. (Quand ?) C'est sûrement le numéro de la semaine dernière. Bien qu'il en ait épuisé tout le contenu, puisqu'il ne sait pas lire et doit se contenter des images, il se baisse malgré tout, pour prendre à son tour celui-ci, irrésistiblement. Et, une fois de plus, il contemple la réception mondaine qui se déroule dans l'immense salon surchargé de glaces, de dorures et de stucs.

Sous les lustres étincelants, il y a des jeunes femmes en robe du soir très décolletées qui dansent au bras de cavaliers en smokings sombres ou en spencers blancs. Devant le buffet chargé d'argenterie, un petit homme rond, au teint très rouge, parle en levant la tête à un Américain beaucoup plus grand que lui, qui doit se pencher pour écouter ce que l'autre raconte. Un peu plus loin, courbée jusqu'au sol de marbre, Lauren entrecroise les lanières dorées de sa chaussure autour de la cheville et du cou-de-pied. Sur le côté, près d'une embrasure de fenêtre aux lourds rideaux fermés, Lady Ava est toujours assise sur son canapé sans couleur ; ses yeux fatigués errent le long des murs dont les divers panneaux sont ornés par des tableaux, de dimensions variées, qui la représentent tous elle-même, jeune, en pied, debout et s'appuyant d'une main légère au dossier d'un fauteuil, ou bien assise, allongée, à cheval, jouant du piano, ou seulement la tête et le buste agrandis à des proportions géantes. Elle porte des boas, des voilettes, des grands chapeaux à plumes ; ailleurs on la voit tête nue, avec des coiffures à bandeaux, ou des anglaises qui retombent au creux des épaules sur la chair blanche. Il y a aussi des statues dans leurs niches, entre des colonnes de porphyre rouge ou vert, qui la représentent encore dans des poses mouvementées, faisant avec ses bras ronds de grands gestes indécis et tournant de côté, ou bien vers le ciel, son visage inspiré. D'amples étoffes vaporeuses flottent autour de son corps, des écharpes de mousseline, des traînes de tulle, des voiles de bronze et de pierre. Je traverse tout cela sans m'arrêter : j'ai eu cent fois l'occasion de contempler à loisir ces sculptures, ces toiles, ces pastels, dont je connais même les signatures, presque toutes de noms célèbres : Edouard Manneret, R. Jonestone, G. Marchand, etc. La vaste pièce est rendue plus impressionnante encore par l'absence de tout personnage vivant, alors que j'ai l'habitude de la voir pleine de monde, d'agitation, de bruit ; il n'y a plus cette nuit qu'une innombrable femme muette et immobile, inaccessible, qui multiplie ses poses apprêtées, grandiloquentes, exagérément dramatiques, et qui m'entoure de tous les côtés, Eve, Eva, Eva Bergmann, Lady Ava, Lady Ava, Lady Ava.

Après le grand salon, je traverse d'autres salles désertes. On dirait que les domestiques eux-mêmes ont disparu ; et je monte seul l'escalier d'honneur jusqu'à la chambre où se tient la maîtresse de maison. Elle est couchée dans son grand lit à colonnes, gardée seulement par une des servantes eurasiennes debout près d'elle, qui s'en va silencieusement dès mon arrivée. Je demande à Eva comment l'a trouvée le docteur, combien de temps elle a dormi, si elle se sent mieux ce soir... Elle me répond par un sourire lointain de ses lèvres grises. Puis elle détourne les yeux. Nous demeurons un bon moment ainsi, sans rien dire d'autre, elle regardant le plafond et moi toujours debout à son chevet, ne parvenant pas à détacher ma vue de son visage amaigri, des rides qui se creusent et de ses cheveux devenus blancs. Au bout de quelque temps — un long temps sans doute — elle se met à parler, disant qu'elle est née à Belleville, près de l'église, qu'elle ne s'appelle ni Ava ni Eve, mais Jacqueline, qu'elle n'a pas épousé de lord anglais, qu'elle n'est jamais allée en Chine ; le bordel de luxe, à Hong-Kong, c'est seulement une histoire qu'on lui a racontée. Elle se demande d'ailleurs à présent si ça n'était pas plutôt à Shanghaï, un gigantesque palais baroque avec des salles de jeux, des prostituées de toutes sortes, des restaurants fins, des théâtres à spectacles érotiques et des fumeries d'opium. Cela s'appelait « Le Grand Monde »... ou quelque chose du même genre... Elle a un visage tellement vide, un regard si absent, que je me demande si elle possède encore toute sa conscience, si elle n'est pas déjà en train de délirer. Elle a tourné la tête de mon côté, et soudain elle semble m'apercevoir, pour la première fois ; elle arrête sur moi des yeux réprobateurs ; sa figure est maintenant sévère, on dirait qu'elle me découvre avec horreur, ou avec incrédulité, ou étonnement, ou comme un objet de scandale. Mais ses prunelles commencent à dériver insensiblement, pour aller de nouveau se fixer sur le plafond. On lui a raconté aussi que là-bas la viande était si rare, et les enfants si nombreux, que l'on mangeait les petites filles qui ne trouvaient pas assez vite un protecteur ou un mari. Mais Lady Ava ne croit pas que ce détail soit vrai. « Tout ça, dit-elle, ce sont des histoires inventées par les voyageurs. »

« Qui sait ? » dit-elle encore après un long silence, sans quitter des yeux cette surface blanche, au-dessus d'elle, dont elle a recommencé à inspecter les taches. Ensuite elle me demande s'il fait déjà nuit. Je lui réponds qu'il fait nuit depuis longtemps. J'allais ajouter que le jour tombe vite, sous ces latitudes, mais je m'abstiens. En levant la tête, j'aperçois à mon tour les taches rougeâtres aux découpures compliquées et précises : des îles, des fleuves, des continents, des poissons exotiques. C'est le fou qui habite au-dessus qui, un jour de crise, a fait couler on ne sait quoi sur son plancher. Il me semble aujourd'hui que la zone atteinte s'est encore agrandie. Et voilà Kim, dont on n'entend jamais les pas, qui revient à présent vers le lit, portant avec précaution une coupe de champagne, pleine jusqu'au bord de quelque médicament à la couleur jaune doré, qui de loin ressemble à du sherry.

Et, pendant ce temps, Johnson court toujours après l'argent qu'il n'arrive pas à trouver, d'un bout à l'autre de Victoria : Wales Road, Des-Vœux Road, Queens Road, Queen Street, Lucky Street, rue des Orfèvres, rue des Tailleurs, rue Edouard-Manneret... Ainsi en pleine nuit, il se heurte partout à des portes closes, à des grilles cadenassées, à des chaînes tendues. Et même si les banques étaient ouvertes, quelle banque accepterait les traites qu'il propose ? Il doit pourtant imaginer avant le jour quelque chose ou quelqu'un qui le tire d'affaire ; Lauren ne lui a pas laissé de délai plus long, et il ne serait pas prudent pour lui, de toute manière, de rester une journée de plus dans la concession anglaise, à attendre que la police vienne l'arrêter pour de bon. Au débarcadère du ferry-boat, en arrivant de Kowloon, il n'y avait qu'un seul pousse-pousse en stationnement, ce qui était beau déjà, étant donné l'heure. Johnson a évité de se poser des questions sur cette chance inespérée, comme sur l'amabilité du coureur qui semble disposé à le conduire où il veut tout le reste de la nuit et qui l'attend patiemment là où il s'arrête, quand du moins il réussit à entrer quelque part, comme c'est à présent le cas chez cet intermédiaire chinois chez qui il a vu de la lumière ; il n'a même pas eu à frapper très longtemps, de ses poings, contre le bois du volet qui ferme le bureau sur la rue : des pas précipités se sont fait entendre, dans un escalier, et une vieille femme en robe noire européenne lui a ouvert la porte en grand. Elle lui a toutefois fait remarquer qu'il aurait pu pousser le battant lui-même, puisque les verrous avaient été ôtés en prévision de sa venue. Comme elle l'agrippait par le revers de son smoking pour le faire monter plus vite au premier étage (par un escalier droit, étroit et raide) tout en l'accablant de lamentations sur un mode perçant, dans un mélange d'anglais sommaire et d'un dialecte du Nord dont il ne saisissait que peu de chose, mais concernant en tous cas la santé de son époux, il a fini par comprendre qu'elle le prenait pour le médecin à la recherche de qui elle avait envoyé un enfant du voisinage. Sans la détromper, avec l'espoir encore que le malade pourrait néan-moins quelque chose pour lui, Johnson l'a suivie jusqu'à une chambre du premier étage, de dimensions assez vastes, occupée par quelques pièces d'un mobilier de type français 1925, placé régulièrement le long des parois et qui semble avoir été conçu pour une mansarde minuscule, si bien qu'il reste entre les meubles des espaces considérables. L'homme est couché sur le dos, bras et jambes étendus, en travers du drap moite et froissé d'un lit de bois verni dont il occupe toute la surface, quoiqu'il soit lui-même de taille chétive. A cause de la chaleur, à laquelle ne change rien le très petit ventilateur électrique posé sur une chaise cannée, il n'a gardé sur lui qu'une sorte de caleçon en coton blanc qui lui descend jus-qu'aux genoux. Son corps maigre et son visage fripé ont la même couleur vert-jaune que le papier peint des murs.

Johnson demande à la femme de quelle maladie souffre son mari. Comme elle le regarde avec étonnement, il se rappelle tout à coup que c'est lui le docteur, et il précise aussitôt : « Je veux dire : où a-t-il mal ? » Mais la vieille l'ignore également. Elle doit commencer à se demander pourquoi il n'a ni trousse ni stéthoscope, si elle est habituée à la médecine occidentale. Ou bien elle n'a eu affaire jusqu'à présent qu'aux pratiques chinoises et c'est en désespoir de cause qu'elle a fait cette fois-ci chercher un Anglais ; dans ce cas, elle ne peut s'étonner de rien, même pas de le voir en tenue de soirée. Johnson se dit aussi que le vrai docteur ne va pas tarder à interrompre la comédie, et qu'il faut se dépêcher avant son arrivée d'entamer quelque négociation avec l'intermédiaire, si celui-ci est encore en état de parler d'emprunt et de garantie. L'homme n'a pas fait un mouvement depuis que l'Américain est entré dans la pièce, même pas un battement de paupières, bien qu'il ait des yeux aussi ouverts que peuvent l'être ceux d'un Chinois ; les côtes décharnées de sa poitrine n'ont pas l'air non plus de se soulever, au rythme d'une quelconque respiration ; et quand on lui demande quel genre de mal il éprouve, il ne semble même pas avoir entendu. Il est peut-être déjà mort. « Voilà, commence Johnson, il me faudrait de l'argent, beaucoup d'argent... » Mais la vieille se met à pousser de nouveaux cris, scandalisée cette fois, devant un praticien qui n'hésite pas à réclamer son salaire avant de commencer la consultation, comme s'il avait peur qu'on ne la lui paie pas ensuite. Johnson tente de lui expliquer sa situation, mais elle ne l'écoute pas, court vers une petite armoire et revient avec une liasse de billets de dix dollars qu'elle essaye de lui faire empocher. L'Américain finit par prendre en main quelques coupures et les dépose sur la table de nuit, n'osant plus continuer sa requête, sans doute inutile. Il est d'ailleurs absurde de penser que ce prêteur à la petite semaine, même bien portant et de bonne volonté, disposerait assez vite de la somme énorme dont il a besoin. Abandonnant soudain la partie, Johnson redescend précipitamment l'escalier, poursuivi par les imprécations de la vieille.

La scène suivante se passe sur le quai nocturne d'un port de pêche, Aberdeen sans doute, quoique le trajet pour y parvenir soit bien long à faire en pousse-pousse. Le décor n'est visible que d'une façon partielle, sous l'éclairage maigre de quelques lanternes, dont chacune ne répand sa lumière jaune que sur les objets situés à proximité immédiate, si bien qu'on ne distingue pas un ensemble, mais seulement des fragments sans lien : une bitte d'amarrage en fonte d'où part une grosse corde tendue, d'autres cordages enroulés sur eux-mêmes et formant une sorte de lâche collier sur les pavés humides, la moitié d'une adolescente en guenilles qui dort à même le sol contre un grand panier vide en rotin tressé, deux forts anneaux de fer scellés à un mètre environ de distance et au même niveau dans une paroi verticale en pierre de taille, avec une chaîne qui les relie en une courbe molle et pend librement de chaque côté, des caissettes de bois empilées et de gros poissons métalliques au corps en fuseau rangés en bon ordre dans celle du dessus, de l'eau qui ondule en reflets argentés entre des sampans et canots enchevêtrés dans tous les sens, le chemin de planches qui fait des coudes de l'un à l'autre, montant et descendant, pour conduire de la rive jusqu'à une jonque amarrée un peu plus loin du bord. Des coolies, portant chacun sur les épaules un gros sac de jute aux formes rebondies, cheminent le long de ces passerelles branlantes qui fléchissent sous les pieds nus et oscillent de façon inquiétante, sans jamais cependant faire tomber dans l'eau noire ou à l'intérieur des embarcations l'un des porteurs qui se succèdent à intervalle de quatre ou cinq pas. Comme ils ne peuvent se croiser sur l'étroite planche, ils reviennent à vide tous ensemble, six petits hommes en file indienne qui font danser le bois souple de plus belle ; et ils retournent prendre un nouveau chargement dans une zone obscure où doit stationner quelque camion, voiture à bras ou char à buffles. Un homme plus âgé à longue barbe clairsemée, vêtu d'une vareuse en toile bleue et coiffé d'une calotte, surveille leur passage et note le nombre des sacs transportés, sur un carnet beaucoup plus haut que large. C'est à lui que Johnson s'adresse, demandant en cantonais si la jonque en partance est bien celle de monsieur Tchang. L'homme ne répond rien, continuant à suivre de l'œil le mouvement des petits hommes en caleçon qui poursuivent leur manège. Prenant son silence pour un acquiescement, Johnson s'enquiert de l'heure d'appareillage et de la destination exacte du navire. N'obtenant toujours pas de réponse, il ajoute que c'est lui l'Américain qu'on doit prendre à bord et conduire à Macao. « Passeport », dit le surveillant sans quitter du regard la passerelle improvisée ; et il n'y jette qu'un rapide coup d'œil lorsque Johnson, un peu interloqué par cette formalité policière concernant un passage clandestin, lui tend malgré tout le document. « Départ ce matin à six heures un quart », dit en portugais le subrécargue, en lui rendant le passeport. Tandis qu'il le replace dans sa poche intérieure droite, Johnson se demande comment l'autre fera pour reconnaître son passager, qu'il n'a pas essayé un seul instant d'entrevoir. Mais il n'y a plus désormais, dans le silence, que l'eau qui clapote entre les sampans, les pieds nus qui claquent en cadence sur les pavés, ou sur le bois humide, les planches qui vibrent contre les plats-bords.

Ensuite, c'est la fumerie d'opium, déjà décrite : un décor nu et blanc formé d'une succession de petites pièces cubiques, sans aucun meuble, entièrement passées à la chaux y compris le sol de terre battue, où les clients en pyjamas noirs sont allongés au hasard, n'importe comment, contre les parois ou au beau milieu des chambres, qui communiquent entre elles par des ouvertures rectangulaires pratiquées dans les murs épais, sans porte d'aucune sorte, et si basses que Johnson doit se courber en deux pour passer. Qu'espère-t-il donc trouver là ? Les habitués ne paraissent guère être en mesure, ni d'après leur costume de lui fournir la fortune qu'il désire, ni d'après leur comportement d'en discuter avec lui la cession.

Puis on voit Johnson à un croisement de rues, dans le centre de la ville probablement, car un lampadaire fait aux choses comme aux gens des ombres nettes et noires. Il est en train de parler avec un autre homme, un Européen selon toute apparence, vêtu d'un complet clair et d'un imperméable ouvert à col relevé, coiffé d'un chapeau de feutre à bord rabattu sur les yeux, qui lui désigne sur la façade secondaire d'une banque — dont le nom se lit en grandes lettres au fronton de la devanture principale : « Bank of China » — une petite échelle de secours, pour les cas d'incendie vraisemblablement, conduisant à une fenêtre du premier étage qui n'est pas munie de grille en fer, contrairement à toutes les autres, à l'étage comme au rez-de-chaussée. Il n'y a pas d'autre personnage dans le champ, ni voiture roulant dans les parages ou rangée le long d'un trottoir ; le pousse-pousse lui-même n'est plus visible. L'homme à l'imperméable doit vouloir expliquer à l'Américain quelque mauvais coup ; mais ce dernier, supputant les chances de succès d'une telle entreprise, fait une moue de doute, d'expectative, ou même de refus, mieux discernable encore sur l'image rapprochée qui fait suite.

Ce visage laisse bientôt la place à la vue d'ensemble d'un petit bar. (Il y a donc encore des bars ouverts à cette heure de la nuit ?) Deux clients, assis sur de hauts tabourets, apparaissent de dos, accoudés l'un près de l'autre au comptoir sur lequel sont posées deux coupes à champagne. Ils ont l'air de s'entretenir à voix basse. Sur le côté droit, un serveur chinois en veste blanche, dans une position légèrement surélevée entre le comptoir et les étagères où s'alignent les bouteilles en rangs serrés, les regarde du coin de l'œil, une main tendue vers un appareil téléphonique situé dans une niche.

Ensuite les images se succèdent très vite : Johnson et Manneret dans un décor d'intérieur peu identifiable (était-ce eux déjà qui parlaient ensemble dans le bar, où ils se seraient d'abord donné rendez-vous ?) en train maintenant de faire des grands gestes, sur lesquels il est tout à fait impossible de mettre un sens quelconque. Puis Edouard Manneret dans son rocking-chair et l'Américain debout en face de lui, disant : « Si vous ne voulez pas, faites attention à ce qui va vous arriver ! », avec sur le côté gauche, au premier plan, Kito se parlant à elle-même : « Voilà qu'il lui fait des menaces de mort ! » Puis c'est Johnson et Georges Marchat occupés à boire du champagne dans un jardin, à proximité d'un buisson d'hibiscus en fleurs. Johnson à présent qui s'éloigne à grands pas d'une grosse Mercedes arrêté devant un entrepôt fermé du port de Kowloon (le nom

142

« Kowloon Docks Company » se lit au-dessus du rideau de fer), et qui jette un regard en arrière tout en se hâtant de quitter les lieux. Johnson en conversation avec un gros homme devant un buffet chargé d'argenterie, au milieu de la foule d'une réception mondaine. Johnson présentant son passeport à un lieutenant de police, dans une ruelle montante qui se termine par un escalier, non loin d'une petite voiture militaire découverte, au volant de laquelle est assis un autre gendarme, le lieutenant disant : « Un barman vous a vu avec lui, vous lui proposiez l'affaire, et une prostituée japonaise vous a entendu le... » Johnson dans sa chambre d'hôtel s'apercevant que ses papiers ont encore été fouillés, et décidant de rajouter à l'intention des agents de renseignement, pour leur prochaine visite, un document faux qu'il se met à rédiger séance tenante en imitant l'écriture de Marchat : « Mon cher Ralph, je vous envoie juste ce petit mot afin de vous rassurer au sujet de votre histoire : tout va bien désormais, vous disposerez des sommes nécessaires en temps voulu ; il est donc tout à fait inutile que vous ayez recours à Manneret, ou que vous cherchiez de l'argent ailleurs. » Signé : « Georges. » Et en post-scriptum au-dessous : « On ne sait toujours pas à qui appartenait le laboratoire de fabrication d'héroïne que les policiers ont découvert. A mon avis, ça devait être encore à ces Belges arrivés du Congo qui veulent racheter l'hôtel Victoria pour le transformer en maison de plaisirs. J'espère bien qu'on va arrêter tous ces trafiquants qui salissent notre belle colonie. »

Après avoir rangé ce papier au milieu des lettres reçues dernièrement, à l'intérieur d'un dossier vert du premier tiroir de gauche du bureau, Sir Ralph passe dans la salle de bains pour y prendre sa douche ; puis il met une chemise à plastron, il enfile son smoking et il noue avec soin en forme de papillon une cravate rouge sombre. Il a encore le temps d'aller dîner dehors avant de se rendre à la réception chez Lady Bergmann. Dans le hall de l'hôtel, en remettant sa clef au portier, Sir Ralph lui adresse un clin d'œil de connivence ; et il sort par la porte de derrière, celle qui donne sur le petit square planté de ravenalas, car c'est de ce côté qu'il a le plus de chances de trouver un taxi. Une voiture libre, en effet, stationne au bout du trottoir ; il y monte et se fait conduire au ferry-boat. Comme la chaleur sur le siège arrière est étouffante, il abaisse les glaces des deux portières : bien que l'air qui vient du dehors ne soit guère plus frais, son agitation le rend néanmoins supportable, et il devient ainsi plus commode de regarder les passantes qui se promènent devant les vitrines brillamment éclairées, sous les figuiers géants.

Dès que Sir Ralph est sur le bateau, il remarque une fille en robe collante, fendue très haut sur le côté, qui tient en laisse un grand chien noir aux oreilles dressées ; elle arpente le pont couvert d'un pas souple et régulier, le long de l'eau invisible dans la nuit, mais dont on entend le bruit de tissu froissé contre le flanc du navire. Son corps qui bouge sous la soie mince lui donne un air provocant, malgré son attitude réservée. Quand elle veut ralentir l'allure du chien qui marche devant elle et qui tire un peu trop sur la tresse de cuir, tendue très raide, la jeune femme produit entre ses dents un presque imperceptible sifflement de cobra, bref et sec. A plusieurs reprises, au cours des vingt minutes que dure la traversée, Sir Ralph, en la croisant sur la promenade, rencontre son regard bleu, qui soutient tranquillement le sien. Mais il ne lui adresse pas la parole, en définitive, peut-être à cause du chien et de ses grondements à l'approche des étrangers. Au débarcadère de Victoria, il y a toujours de nombreux taxis ; l'Américain en choisit un de modèle récent pour aller jusqu'au petit port d'Aberdeen, où il va dîner dans un restaurant réputé, flottant au milieu de la rade.

Il y a peu de monde, ce soir, dans la grande salle rectangulaire, trouée en son centre d'une piscine carrée où l'on aperçoit dans l'eau verte une multitude de gros poissons bleus, violets, rouges ou jaunes. Une fille svelte en robe de soie collante, une eurasienne sans doute, qui ressemble à la passagère du ferry-boat, les pêche l'un après l'autre au moyen d'une épuisette à long manche qu'elle manie avec grâce et adresse, pour les présenter tout vifs, tordant leur corps brillant prisonnier des mailles, au client assis à sa table, afin qu'il fasse le choix de celui qu'il désire consommer. En regagnant la rive sur un sampan éclairé de girandoles, conduit par une fille svelte en robe collante, etc., à l'allure provocante en même temps que réservée, etc., etc., qui manie avec grâce et adresse la longue rame vénitienne, en faisant des mouvements ondulés de torsion qui font bouger la soie mince et brillante sur la peau... (assez, là-haut ! les bruits de pas, et la canne à bout ferré, qui frappe le sol en cadence...), Sir Ralph remarque, à la lumière douteuse des lanternes du port, une file de coolies transportant sur leurs épaules courbées des sacs bourrés de quelque marchandise (clandestine ?), jusqu'à la grosse jonque — tous feux éteints — reliée au quai par une longue passerelle en planches, qui zigzague de plat-bord en plat-bord à travers la flottille des petits bateaux à l'amarre. Une troisième voiture le mène alors à la Villa Bleue, où il arrive à neuf heures dix, comme prévu.

Peu de temps après son entrée dans le grand salon, où quelques couples dansent déjà d'un air contraint, il est entraîné à l'écart par la maîtresse de maison. Elle a une nouvelle grave à lui apprendre : Edouard Manneret vient d'être assassiné par les communistes, sous le prétexte — évidemment faux — qu'il était un agent double au service de Formose. Il s'agit en réalité d'un règlement de compte bien plus trouble, bien plus complexe. De toute manière, Johnson se trouve parmi les suspects notoires, que la police ne peut pas faire autrement que d'arrêter : c'est peut-être seulement par une sorte de courtoisie diplomatique envers Pékin que la chose n'est pas encore accomplie. Lady Ava lui demande donc ce qu'il compte faire. Johnson répond qu'il va quitter Hong-Kong dans la nuit, sur une jonque, pour rejoindre Macao ou Canton.

La soirée se déroule ensuite de façon normale, pour ne pas donner l'éveil, mais d'autres personnes sont certainement sur le qui-vive, car on sent quelque chose de tendu dans l'atmosphère : le moindre verre qui se brise, sur le sol, immobilise tout le monde, comme dans l'appréhension d'un événement dont l'imminence ne fait aucun doute. Sir Ralph se tient dans l'avancée d'un bow-window, prêtant l'oreille en direction des épais rideaux fermés, pour épier l'éventuelle arrivée d'une voiture. Georges Marchat ne quitte guère le buffet, où il s'est fait servir coup sur coup six coupes de champagne, qu'il a bues d'un trait l'une après l'autre. Dans le petit salon de musique, Lauren, la fiancée de Marchat, joue au piano pour quelques invités silencieux une composition moderne, pleine de ruptures et de trous, qu'elle ponctue de rires nerveux, soudains, sans durée, signalant des fausses notes qu'elle est la seule à pouvoir reconnaître. Kito, la jeune servante japonaise, vient de se blesser au bras — un peu au-dessous du coude, sur la face interne — en ramassant avec trop de hâte les

146

morceaux du verre cassé ; et elle demeure là sans faire un mouvement, toujours à genoux par terre, à contempler d'un air absent le filet de sang rouge vif qui coule imperceptiblement sur sa peau mate et tombe goutte à goutte, à de longs intervalles, sur le marbre jonché d'éclats étincelants. A quelques mètres de distance, un peu en retrait derrière le fauteuil au dossier duquel on la voit s'appuyer d'un air indifférent pour se donner une contenance, mais la tête tournée de côté vers la scène précédente avec une fixité du regard qui ne permet pas d'erreur, une belle eurasienne, qui répond au prénom américain de Kim, contemple la petite Japonaise agenouillée, le bras blanc souillé d'une mince ligne rouge et les gouttes de sang qui forment sur le sol une constellation de points épars se concentrant autour d'un axe, comme les perforations des balles sur une cible de tir. Et voilà que lentement, sans que ses yeux quittent le spectacle de la servante blessée, la main droite de Kim se détache du dossier de fauteuil, pour remonter jusqu'au-dessus de la clavicule gauche, au creux de laquelle la jeune femme est marquée d'une discrète cicatrice rose vif : deux points oblongs situés tout près l'un de l'autre et que personne n'aurait aperçus sans son geste furtif, mais dont la forme inhabituelle incite, une fois que l'attention a été attirée sur eux, à se demander comment ils ont été produits.

Tout à fait à l'écart du reste de ses invités, Lady Ava attend, elle aussi, toujours assise sur son canapé au velours décoloré par le temps. Debout près d'elle se tient Lucky, la sœur jumelle de Kim et lui ressemblant trait pour trait, mais qui porte une robe de soie blanche, au lieu d'être noire comme il conviendrait mieux à son deuil récent. (N'ont-elles pas toutes les deux perdu leur père ?) Elle vient de remettre à Lady Ava une enveloppe de papier brun bourrée de documents, que celle-ci a aussitôt fait disparaître.

Partout alentour, on remarque ainsi des mouvements brusques ou mécaniques, des regards de côté, des gestes qui se figent, des immobilités trop longues ou forcées, un étouffement anormal de tous les bruits, sur lequel se détachent par instant des phrases brèves et qui sonnent faux : « A quelle heure commence la représentation ? », « Voulez-vous m'accorder la prochaine danse ? », « Vous prendrez bien un verre de champagne », etc. Et c'est presque pour tout le monde une sorte de soulagement lorsque les policiers en uniforme anglais font enfin leur apparition. Le silence était d'ailleurs total depuis plusieurs secondes, comme si le moment exact de leur entrée en scène avait été dès longtemps connu de tous. Le scénario se déroule ensuite d'une façon mécanique, comme une machine bien huilée, bien rodée, chacun connaissent désormais son rôle avec exactitude et pouvant le jouer sans se tromper d'une seconde, sans un à-coup, sans le plus minime faux pas qui risquerait de surprendre un partenaire : les musiciens de l'orchestre — dont l'arrêt marquait déjà le point d'orgue — qui reposent tous ensemble leur instrument ou le laissent retomber avec douceur, l'archet le long du corps, la flûte sur le pupitre, le cornet à piston entre les cuisses, les baguettes en travers de la peau du tambour, et Kito la servante qui se redresse sur ses pieds, l'eurasienne qui ramène les yeux en face d'elle, le gros homme au teint rouge qui replace la coupe vide sur le plateau d'argent tendu par le serveur, le soldat qui se poste en faction à la grande porte, l'autre soldat qui traverse le salon en ligne droite entre les couples de danseurs immobiles, sans avoir à faire le moindre crochet pour en éviter un

148

sur sa route, et qui s'en va garder l'issue située à l'autre bout, le lieutenant enfin qui se dirige sans une hésitation vers l'embrasure de fenêtre où se tient Johnson, pour procéder à son arrestation.

Mais une chose m'inquiète à présent : ne serait-ce pas plutôt vers la maîtresse de maison que se dirige le lieutenant, de son pas décidé ? N'est-il pas plus logique de l'arrêter, elle, en premier lieu ? En effet Lady Ava n'a pas caché, lors d'une conversation avec Kim — lors d'un monologue, plus exactement, car il ne s'agit pas de se tromper sur les mots, effectué en présence de cette dernière, on s'en souvient, tandis que la vieille dame s'apprête pour la nuit — elle n'a pas caché, dis-je, son intention délibérée d'amener Johnson, par l'intermédiaire des exigences exorbitantes de Lauren — méthode classique, paraît-il, pour ce genre de recrutement — d'amener Johnson à devenir lui-même un agent secret de Pékin, ce qui signifierait un engagement déjà beaucoup plus avancé de Lady Ava dans cette carrière. Une solution du problème serait peut-être dans l'ignorance de la police anglaise, ou dans son fair-play diplomatique, qui préfère ici s'en prendre à l'organisation communisante connue sous les noms de « Hong-Kong Libre » ou « S. L. S. » (« South Liberation Soviet »), dont le rôle est inexistant et les revendications plutôt contraires aux intérêts chinois (à tel point que beaucoup n'y voient qu'une façade masquant quelque trafic de drogue ou de filles), plutôt que de mettre une fin brutale aux agissements des véritables espions.

En tout cas, lorsque le lieutenant de police se présente devant Lady Ava, et à peine les salutations d'usage effectuées, celle-ci offre à boire d'une voix mondaine au nouvel arrivant, ce qui ne mène à rien. Autre question : les termes « soldats » et « policiers » n'ont-ils pas été employés un peu à la légère pour désigner les gendarmes britanniques ? Ou bien s'agissait-il d'inspecteurs en civil, ou de véritables militaires en tenue de combat au camouflage bariolé ? Divers points essentiels restent en outre à préciser, par exemple : l'arrivée de la patrouille a-t-elle eu lieu après ou avant la représentation théâtrale ? C'était même peut-être en plein milieu du spectacle, au moment où Lady Ava, ayant compté puis rangé les sachets dans l'armoire secrète, et mis en ordre les papiers sur le bureau, finit, épuisée, livide, chancelante, par aller s'étendre sur son lit. C'est alors qu'on frappe à la grande porte aux vantaux moulurés, une fois, deux fois, trois fois... Quel est le visiteur imprévu qui s'obstine ainsi sans obtenir de réponse ? La salle ignore évidemment ce qui se passe dans le reste de la maison. Mais la porte s'ouvre, et la surprise est grande de voir Sir Ralph entrer brusquement. Il se précipite vers le lit... Arrive-t-il trop tard ? Le poison a-t-il déjà fait son effet ? Les spectateurs sont dans l'angoisse.

Sir Ralph se penche vers le visage décomposé, en tenant la main de la mourante. Lady Ava, sans le voir, les yeux fixés dans le vide sur un souvenir lointain qu'elle ne parvient pas à retrouver, prononce des mots sans suite aux inflexions basses et rauques, où se détachent par instant des lambeaux de phrases plus compréhensibles : sur l'endroit où elle est née, sur son mariage, sur des pays qu'elle a visités, ou qui lui sont demeurés inconnus, si ce n'est par ouï-dire. Elle parle de choses qu'elle a faites, d'autres qu'elle aurait voulu faire, disant aussi qu'elle est depuis toujours une mauvaise comédienne et que, vieille à présent, elle n'intéresse plus personne. Sir Ralph essaie de la réconforter, lui assurant qu'elle a au contraire été très bonne en scène, ce soir, jusqu'à

150

la fin. Mais elle n'écoute plus. Elle demande si l'on ne pourrait pas faire moins de tapage, au-dessus de sa chambre. Elle entend des bruits de canne. Elle dit qu'il faudrait monter là-haut, pour voir ce qui se passe. Il y a sans doute quelqu'un de malade, ou de blessé, qui appelle à l'aide. Mais aussitôt elle change d'avis : « C'est le vieux roi Boris, dit-elle, qui se balance sur son ferry-boat... » Sa diction est si incertaine que Sir Ralph n'est pas sûr d'avoir bien entendu. Ensuite elle semble un peu plus calme, mais son visage est devenu encore plus creux, encore plus gris. On dirait que tout le sang, que toute la chair, s'en vont à l'intérieur. Au bout d'un silence plus long, avec tout à coup une clarté parfaite, inattendue, elle dit encore : « Les choses ne sont jamais définitivement en ordre. » Puis, sans bouger la tête, elle écarquille les paupières démesurément, et elle demande où sont les chiens. Ce sont ses dernières paroles.

Et maintenant Ralph Johnson, dit l'Américain, retourne encore une fois dans le quartier neuf de Kowloon, chez Manneret. Il va tenter sa chance à nouveau, puisqu'il n'y a personne d'autre, sur tout le territoire de la concession, qui soit capable de lui fournir la somme exigée pour le rachat de Lauren. Il emploiera pour convaincre le milliardaire, si besoin est, les grands moyens. Sans penser à prendre l'ascenseur, il monte à pied les sept étages. La porte de l'appartement est entrebâillée, la porte de l'appartement est grande ouverte en dépit de l'heure tardive, la porte de l'appartement est fermée — quelle importance ? — et Manneret en personne vient lui ouvrir ; ou bien c'est un domestique chinois, ou une jeune eurasienne ensommeillée que le coup de sonnette, que l'insistante sonnerie électrique, que les coups de poing frappés contre la porte ont fini par tirer du lit.

Quelle importance, tout cela ? Quelle importance ? Edouard Manneret n'est pas encore couché, en tout cas. Il ne se couche jamais. Il dort tout habillé dans son rocking-chair. Il n'arrive plus à dormir depuis longtemps, les soporifiques les plus forts ayant cessé de lui faire le moindre effet. Il dort tranquillement dans son lit, mais Johnson insiste pour qu'on le réveille, il attend au salon, il bouscule les servantes apeurées et pénètre de force dans sa chambre ; tout ça, c'est la même chose. Manneret prend d'abord Johnson pour son fils, il le prend pour Georges Marchat, ou Marchant, il le prend pour monsieur Tchang, il le prend pour Sir Ralph, il le prend pour le roi Boris. Cela revient au même, puisqu'en définitive il refuse. L'Américain insiste. L'Américain menace. L'Américain supplie. Edouard Manneret refuse. Alors l'Américain sort calmement son revolver de la poche intérieure droite (ou gauche ?) de son smoking, ce revolver qu'il était allé prendre tout à l'heure (quand ?) dans l'armoire ou la commode de sa chambre d'hôtel, entre les chemises empesées, bien repassées, bien blanches... Manneret le regarde faire et reste impassible, souriant toujours en se balançant avec lenteur dans son fauteuil sur un rythme régulier. Johnson ôte le cran de sûreté. Edouard Manneret sourit toujours, sans que bouge un pli de son visage. On dirait un personnage de cire dans un musée. Et sa tête monte et descend toujours à la même cadence. Johnson engage une balle dans le canon et, d'un geste posé, redresse l'arme en direction de la poitrine qui s'élève et s'abaisse alternativement, comme les cibles mobiles dans les foires. Il dit : « Alors, c'est non ? » Manneret ne répond même pas ; il n'a pas l'air de croire que tout cela soit vrai. Johnson vise le cœur, avec soin, sa main suivant les oscillations du fauteuil à bascule, montant, descendant, montant, descendant, montant, descendant... Voilà, c'est facile, une fois que le rythme est pris. Alors il appuie sur la détente. Il tire cinq fois de suite : en bas, en haut, en bas, en haut, en bas. Tous les coups ont touché au but. Il remet le revolver encore chaud dans sa poche intérieur, tandis que le rocking-chair continue son mouvement périodique, qui va s'amortir progressivement, et il s'élance vers l'escalier. Dans le noir, il lui semble que des portes se sont ouvertes, à chaque palier, sur son passage, mais il n'en est pas certain.

Devant l'immeuble, sur l'avenue, rangé le long du trottoir, il y a le vieux taxi aux glaces closes qui l'attend. Sans rien demander au chauffeur, Johnson ouvre la porte arrière et s'installe. La voiture démarre aussitôt, pour le déposer en quelques minutes à la station du ferry-boat. Le bateau est en train de décoller du quai ; Johnson, qu'un employé de la compagnie essaie en vain de retenir, a juste le temps de sauter à bord, où il se trouve subitement au milieu de la foule silencieuse des petits hommes en bleus de chauffe ou pyjamas noirs qui se rendent à leur travail, bien que le jour ne soit pas encore levé. Pendant la traversée, Johnson calcule qu'il lui reste exactement le nombre de minutes nécessaires pour arriver au port d'Aberdeen avant six heures un quart, afin d'embarquer sur la jonque. Mais lorsqu'il descend du bac, à Victoria, et qu'il monte dans un taxi, c'est pour se faire conduire dans la direction opposée, vers la Villa Bleue : il ne peut pas quitter Hong-Kong sans avoir revu Lauren. Il va tenter une dernière fois de la persuader de partir, bien qu'il n'ait pu tenir sa promesse. Elle n'a peut-être fait tout cela que pour le mettre à l'épreuve...

Il traverse le parc d'un pas rapide, guidé par la lueur bleue qui provient de la maison, dans le crissement fixe et strident des millions d'insectes nocturnes ; il traverse le hall, il traverse le grand salon abandonné. Toutes les portes sont ouvertes. On dirait que les domestiques eux-mêmes ont disparu. Il monte le grand escalier d'honneur. Mais son pas se ralentit de marche en marche. En passant devant la chambre de Lady Ava, il en trouve aussi la porte grande ouverte. Il entre sans faire de bruit. La très vieille dame est couchée dans son immense lit encadré de deux flambeaux, qui lui donnent un aspect funèbre. Kim se tient à son chevet, debout encore et immobile ; a-t-elle passé ainsi toute la nuit ? Johnson s'approche. La malade ne dort pas. Johnson lui demande si le médecin est venu, et comment elle se sent. Elle lui répond d'une voix calme qu'elle est en train de mourir. Elle demande s'il fait déjà nuit. Il répond : « Non, pas encore. » Mais elle recommence ensuite à s'agiter, remuant la tête avec peine, comme si elle cherchait quelque chose des yeux, et disant qu'elle a une nouvelle importante à lui apprendre. Elle se met alors à raconter que l'on vient d'arrêter les trafiquants belges arrivés récemment du Congo qui avaient installé une fabrique d'héroïne..., etc. Mais elle perd peu à peu le fil de son discours et s'interrompt bientôt tout à fait pour demander où sont les chiens. Ce seront ses dernières paroles.

A l'étage au-dessus, la porte de Lauren est ouverte également. Johnson s'élance, pris d'une soudaine appréhension : quelque malheur serait arrivé en son absence... C'est au milieu de la pièce seulement qu'il aperçoit le lieutenant de police en short kaki et chaussettes blanches. Il se retourne d'un seul coup et voit que la porte s'est refermée et qu'un soldat, mitraillette au poing, se tient par-devant, lui barrant la route. Plus lentement, son regard balaye toute la chambre. Le second soldat, devant les rideaux fermés du bow-window, le surveille aussi avec attention, tenant à deux mains sa mitraillette braquée sur lui. Le lieutenant ne bronche pas, lui non plus, et ne le quitte pas de l'œil. Lauren est allongée sur le couvre-lit de fourrure, entre les quatre colonnes soutenant le ciel qui forme au-dessus d'elle comme un dais. Elle est vêtue d'un pyjama de soie dorée, moulant le corps, à petit col montant et manches longues, suivant la mode chinoise. Couchée sur le côté, un genou replié, l'autre jambe étendue, la tête relevée sur un coude, elle le regarde sans faire un geste, sans que bouge un seul trait de son visage lisse. Et il n'y a rien dans ses yeux.

UN ÉCRIVAIN
NON RÉCONCILIÉ

par

Franklin J. Matthews

UN ECRIVAIN
NON RECONCILIE

par

Franklin J. Mathews

Lors des nombreuses interviews qu'il accorde à la presse pour la sortie de chaque nouveau livre, Alain Robbe-Grillet insiste volontiers sur la continuité des recherches romanesques qu'il poursuit depuis bientôt vingt ans. Pourtant la critique littéraire, unanime sur ce point, semble avoir une opinion tout opposée : c'est, au contraire, des ruptures incessantes qu'elle se plaît à signaler, les ennemis en faisant à l'auteur un de leurs griefs (lui reprochant à chaque fois de renier ses œuvres passées comme ses propres théories), les zélateurs préférant définir un certain nombre de Robbe-Grillet successifs, si discernables et caractérisés qu'on a même pu leur donner des numéros chronologiques : R-G n° 1, R-G n° 2, etc.

Mais, chose troublante, chaque nouvelle œuvre ne se contente pas de faire apparaître un auteur nouveau qui n'aurait produit que cette œuvre-là ; elle éclaire en même temps toutes les œuvres précédentes d'un jour neuf, ce qui permet la réintégration de l'ensemble sous la nouvelle étiquette. Ainsi le Robbe-Grillet « psychologique » présenté par Bruce Morrissette au moment de *la Jalousie* (1957), s'étendait sans peine au *Voyeur* (1955), qui avait pourtant permis à Roland Barthes quelque temps auparavant de proclamer la venue d'une littérature « littérale », c'est-à-dire refusant toute référence aux codes de lectures traditionnels, la psychologie en particulier. Un peu plus tard, l'auteur « fantastique » que l'on découvrait avec le *Labyrinthe* (1959), *Marienbad* (1961) et *l'Immortelle* (1963), semblait tout naturellement être aussi celui des *Gommes* (1953), dont une première lecture avait pourtant fait jadis prononcer les mots d' « objectalité » ou même d' « objectivité », comme si la seule présence matérielle des choses s'y développait librement dans un monde sans qualité, sans affectivité humaine ; et voilà que soudain cette présence trop insistante, trop têtue, débouchait sur le pur phantasme.

La parution de *la Maison de rendez-vous* (1965) marque sans nul doute un nouveau tournant, c'est-à-dire que ce livre non seulement permet de définir de nouveaux critères de lecture, mais incite encore à relire tous les premiers romans à la lumière de ces critères-là, donc à remettre en question encore une fois tout ce qui avait été dit sur eux, et peut-être même à voir dans cette remise en question permanente à quoi l'auteur nous oblige un des sens possibles de son œuvre, un de ses plus subtils enseignements.

La dépravation des thèmes.

Parlons d'abord un peu de la thématique. Le criminel sadique se niant à soi-même son propre crime, dans *le Voyeur,* le mari obsédé par la trahison possible de sa femme, dans *la Jalousie,* le soldat blessé errant après une défaite à la recherche du père d'un camarade mort, dans le *Labyrinthe,* tous ceux-là appartenaient en un sens au fond commun de la littérature des profondeurs. Dostoïevsky, Proust, Kafka, si l'on veut, n'étaient pas loin. Aussi la récupération de ces héros perdus, de leur conscience coupable et de leur angoisse, n'avait guère tardé : l'humanisme tragique y retrouvait trop aisément ses petits. Et l'on peut imaginer que *la Maison de rendez-vous* représente pour son auteur le coup de barre jugé désormais nécessaire. N'avait-il pas en effet, dans un article fameux, annoncé la fin des « vieux mythes de la profondeur », la fin de la « tragédie » et de l' « humanisme transcendant » ? Il devenait urgent d'empêcher que les malentendus continuent à se développer, d'éviter cette fois de façon certaine la lecture métaphysique que Maurice Nadeau avait faite du *Labyrinthe,* le chemin psychologique que Bruce Morrissette avait suivi dans *la Jalousie,* la fascination quasi sacrée en face de l'horreur indicible qui éclairait *le Voyeur* pour Maurice Blanchot.

La solution que propose ici Robbe-Grillet au problème difficile (insoluble peut-être, comme nous le verrons plus loin) de la détragification de l'univers est si radicale, et — il faut le dire — si inattendue, en même temps que fortement chargée d'ironie, que la plupart des critiques, tout en trouvant cette *Maison de rendez-vous* amusante, ingénieuse, brillante même, intelligente sans aucun doute, la traitèrent avec une sorte de condescendance : ça n'était pas sérieux, l'univers dense et obsédant de Robbe-Grillet avait maintenant perdu son âme... Or, il n'est pas difficile avec le recul (et plus encore aujourd'hui à la lecture de l'admirable *Projet pour une révolution à New York* qui accomplit de nouveaux bouleversements dans ce domaine) de voir que c'est ouvertement ce que recherchait l'auteur : l'âme cachée des choses, il leur avait depuis longtemps déclaré la guerre. Il avait seulement cru, d'abord, pouvoir appliquer victorieusement le traitement drastique de son écriture à des situations empruntées au folklore littéraire traditionnel : la culpabilité, l'amour morbide, la déréliction... Mais le

conditionnement du lecteur occidental était trop fort :
les valeurs contestées réinvestissaient aussitôt les
blancs de l'écriture, le traitement n'apparaissait en
fin de compte que comme une ruse, qui au lieu
d'expulser l'angoisse ne faisait que la rendre plus
violente, plus dramatique, plus irrémédiable. Une
sorte de « roman blanc » avait été tenté, qui était
censé parler de la voix dure et tranquille du constat ; et, ce que l'on entendait, c'était au contraire la
voix blanche de la peur, la voix censurée, fragile,
détimbrée, de l'angoisse blanche. Le blanc n'était pas
la clarté du grand jour, mais une lueur blafarde et
trompeuse : paysage de neige aux contours indécis,
nuit blanche, visages blêmes, suaire tremblant des
fantômes qui n'en finissent pas de s'évanouir dans le
petit matin.

Pour venir à bout définitivement de ces spectres
tenaces, pour ne pas risquer de les voir revenir, insi-
dieux, omniprésents, tirant leurs forces du combat
lui-même qui prétend les anéantir, la solution adoptée
par *la Maison de rendez-vous* consiste à mettre en
évidence leur dimension mythologique, c'est-à-dire à
dénoncer leur caractère culturel. Et pour cela, au lieu
d'emprunter leurs formes à la culture en place (ce
panthéon des belles-lettres occidentales, qui regorge
de crimes sexuels mal digérés, de folie obsessionnelle
sous les tropiques et de soldats mourants perdus dans
la neige), les choisir désormais dans ce qu'on appelle
aujourd'hui la contre-culture (romans populaires à
couvertures bariolées, récits policiers de série, films
d'aventures, bandes dessinées, etc.) qui met en scène
trait pour trait les mêmes éléments dramatiques, mais
peints à plat. La tragédie n'en est certes pas absente,
mais, au lieu de se glisser subtilement dans les régions
troubles du non-dit, elle s'y étale au contraire sans
détour, s'affirme à découvert, se désigne du doigt,

avec toute la théâtralité sursignifiante des gestes historiques sur les images d'Epinal.

Ajoutons à ce domaine des para-littératures celui de la publicité (affiches géantes, journaux de mode sur papier glacé, vitrines des magasins à la page, prospectus des compagnies de navigation et des agences de tourisme...) dont l'imagerie tient aussi une grande place dans la panoplie des mythes modernes illustrés ; enfin, complétons cet ensemble par des objets empruntés aux films et romans précédents de Robbe-Grillet lui-même (de la nuque féminine observée par *le Voyeur* aux molosses de *l'Immortelle,* en passant par ce négociant Marchat venu tout droit des *Gommes,* qui contemple dans la salle de danse le verre brisé de *Marienbad,* tous éléments qui se trouvent ainsi renvoyés à leur statut d'accessoires interchangeables à exemplaires multiples, donc dépourvus de toute personnalité), et nous aurons ainsi un tableau assez complet du matériel de base qui s'est donné rendez-vous dans cette étrange Maison, matériel dont le caractère parodique — voire auto-parodique — ne peut échapper à aucun lecteur.

Une comparaison picturale ici s'impose. *Les Gommes* avaient été saluées jadis comme une révolution « cézannienne ». C'est maintenant davantage Rosenquist et Lichtenstein qu'il faudrait citer en référence : le « pop-art » américain utilise lui aussi ces images plates de la publicité et des *comics.* Et le mot de « gadget » employé avec un sourire un peu méprisant par les amateurs d'âme à propos de *la Maison de rendez-vous* désigne en effet une des constantes de l'art moderne : l'utilisation systématique des produits manufacturés (ou des résidus hors d'usage) de la société de consommation.

Pourtant les thèmes du roman demeurent les mêmes que ceux des œuvres précédentes ; c'est seulement l'éclairage qui a changé du tout au tout. Les préoccupations sado-érotiques sont bien celles du *Voyeur,* la passion morbide de Sir Ralph pour la belle prostituée, c'est encore celle du narrateur de *la Jalousie* pour son inaccessible épouse, et les déambulations déraisonnables, repassant sans cesse aux mêmes points, dans lesquelles il se lance à la recherche de l'argent qui va lui permettre de connaître enfin le repos, c'est — transposée dans l'île de Hong-Kong et le port de Kowloon — la marche harrassante du soldat dans la neige du *Labyrinthe.* Les allusions ironiques à la similitude des situations se multiplient même à travers les pages du livre, depuis la curieuse statue qui orne le parc de la Villa Bleue où l'on reconnaît l'image du voyeur tenant à la main sa bicyclette, jusqu'à la mort de Lady Ava reproduisant celle du soldat malade et blessé qui contemplait déjà désespérément les fissures du plafond au-dessus de son lit d'agonie.

Mais à présent il est tout à fait impossible (disons-le, du moins provisoirement) de tomber dans le piège du drame : tout cela n'est plus que de la pacotille chinoise réservée à l'exportation, tels ces souvenirs du monde entier fabriqués par la cité industrieuse de Hong-Kong : éventails qui seront vendus à Séville, tours Eiffel à Paris, statues de la Liberté en Amérique, masques nègres à Dakar, et tous les autres accessoires du tourisme culturel que l'on retrouvera entassés par séries dans le super-marché aux trophées et aux reliques, installé au plus profond du métro souterrain de New York, dans *Projet pour une révolution.* La volonté de l'auteur de travailler désormais sur ce matériel sans « âme » apparaît dans ses deux derniers livres comme tellement délibérée que l'on voit mal comment elle a pu donner lieu au moindre malentendu.

Pour en dissiper aujourd'hui les séquelles, il faudrait sans doute essayer de définir ces objets de pacotille par rapport aux grands thèmes humanistes dont ils sont comme la reproduction industrielle de grande série, en matière plastique à bon marché. Ils n'en représentent guère les ombres, car l'ombre portée suppose l'existence du corps réel qui la projette ; ils n'en sont pas la naïve image populaire, puisque celle-ci renvoie, derrière sa maladroite platitude, à toute une profondeur qu'il s'agit en fait de glorifier ; ils n'en constituent pas non plus la caricature, la satire, ou l'apostasie, car il y a toujours une part d'adoration dans le blasphème, et chacun sait qu'il faut aimer pour châtier bien. Non, ce serait plutôt que les modèles eux-mêmes se sont soudain vidés de leur substance, dégonflés après avoir éclaté sous l'excès du gonflement, et qu'ils gisent à présent sur le sol comme des baudruches vides... Mais ce n'est pas cela non plus, puisque ces peaux, qui ne recouvrent désormais aucune chair, brillent au contraire de tout l'éclat cru des colorants synthétiques, à l'instar des collages à néons de Martial Raysse ou des sérigraphies d'Andy Warhol.

Il vaudrait peut-être encore mieux parler de « dénaturation » ou de « dépravation », et ce n'est sans doute pas un hasard si, à cette dépravation des thèmes, correspond aussi dans *la Maison de rendez-vous* une fréquence accrue des thèmes de dépravation : drogue, fascination pour le crime, amours contre-nature, sadisme mondain, nécrophilie, anthropophagie, etc. Pourtant, le risque est alors de laisser passer une connotation de décadence maladive, de malédiction, ou de déchéance, ce qui serait à l'opposé du propos de notre auteur. Le plus efficace sera donc d'étudier ici quelques exemples, pris dans le livre qui nous occupe, des trois caractères que l'on peut appliquer de façon constante à ces objets thématiques de l'art et du roman modernes : ils sont superficiels, immobiles, inaltérables, artificiels.

Surface et profondeur.

La première caractéristique de ces thèmes-objets (qui sont aussi bien un visage, un geste, un lieu, un sentiment, ou une scène entière), c'est sans aucun doute leur superficialité. Le seul fait d'ailleurs que l'on puisse les considérer comme des objets, dont on effectue le tour avec lenteur pour les observer à loisir, ainsi qu'on le ferait d'une bouteille vide ou d'une statue en béton, montre déjà le sort qui leur est fait ; l'amour ou la mort, même avec des majuscules (surtout avec des majuscules ?) ne sont plus alors chargés d'aucun mystère, à fortiori s'il s'agit de choses tout à fait matérielles : robe moulante et fendue d'une eurasienne, seringue à injections intraveineuses ou vulgaire enveloppe de papier brun, parois minces dont les contours sans bavures se reproduisent à de multiples exemplaires à travers tout le livre, étalant avec insistance leur surface lisse et désignant en même temps leur contenu hypothétique, mais sursignifié, comme une matière stéréotypée pour roman d'aventure à deux sous : la chair des femmes et la drogue, avec un jeu implicite — mais sans aucun doute concerté — sur le double sens du mot français « héroïne ».

Dans ses essais théoriques, Robbe-Grillet a souvent employé lui-même ce terme de « surface », ou ses dérivés. Mais que faut-il au juste entendre par là ? La première impression du lecteur occidental, conditionné qu'il est par des siècles de valeurs humanistes

166

et chrétiennes, c'est que « superficiel » signifie sans importance, distrait, qui néglige l'essentiel par manque d'attention ou de jugement, par manque de *pénétration*. Pour les écrivains du Nouveau Roman, c'est bien autre chose : le refus précisément de croire au monde des « essences », aux profondeurs cachées, à l'indicible, à l'ineffable, la volonté de s'en tenir aux lignes, aux formes visibles, aux faits mesurables, aux *phénomènes*, c'est-à-dire de se situer dans la descendance des philosophies existentielles, où l'homme se définit par son action, et non par une prétendue nature, universelle et fatale. Il semble cependant, à ce sujet, qu'une confusion (volontaire ?) soit apparue de bonne heure et se soit toujours plus ou moins maintenue dans les déclarations de Robbe-Grillet, qui a laissé entendre alternativement, ou bien qu'il n'y avait rien à l'intérieur de l'homme, ou bien que ce n'était pas le rôle de l'écriture de chercher à découvrir ce qu'il pouvait y avoir, ou encore — position intermédiaire — que l'homme avait été « chassé violemment hors de lui-même » et qu'il n'avait ni les moyens (pas plus l'écriture romanesque que les sciences ou la pensée métaphysique) ni le désir d'y rentrer, s'apercevant au contraire que ce qui était autrefois son intériorité se trouvait aujourd'hui placardé sur les murs de la ville : ses obsessions sexuelles par exemple, qui s'étalent en images de plusieurs mètres de hauteur sur des affiches publicitaires cent fois répétées tout au long des avenues.

Une telle confusion, ou superposition, ou glissement, ou mixage, s'explique par le fait, aujourd'hui patent [1], que le Nouveau Roman ne s'est pas libéré

1. Voir les comptes rendus, dans la presse de l'été 1971, du colloque de Cérisy sur le Nouveau Roman.

tout de suite du vieux dogme de la « représentation », selon lequel la littérature moderne ne ferait, comme l'ancienne, que représenter l'homme réel : si l'écriture change, ce serait seulement que l'homme a changé. Mais nous reviendrons plus loin sur cet important problème. Toujours est-il que cette ambiguïté se trouvait inscrite dans les œuvres elles-mêmes. Et, la pesanteur culturelle aidant, les analyses psychologiques de Bruce Morrissette ne tardaient pas à convaincre que le cœur de l'homme se trouvait bel et bien derrière cette apparence pudique de héros « sans qualité ». En 1957 *la Jalousie* était illisible, un Emile Henriot déclarant même qu'il n'aurait guère deviné la présence d'un troisième personnage — le mari — si une *prière d'insérer,* glissée par l'éditeur dans les pages du livre, ne lui avait pas soufflé le fin mot de l'histoire ! Mais, dès 1967, cette même *Jalousie* était devenue pour tout le monde une sorte de beau roman behaviouriste, racontant avec une retenue, une économie de moyens qui la rendaient d'autant plus poignante, la passion cruelle, humaine, trop humaine, vécue par ce mari désormais trop présent, qui se trouvait ainsi avoir sagement réintégré la galerie éternelle des « personnages », au sens le plus traditionnel du mot.

Qu'en sera-t-il alors de cette *Maison de rendez-vous ?* Nous avons vu que les thèmes romanesques y avaient été aplatis de telle manière que toute psychologie du comportement était, cette fois, recusée à l'avance ; les surfaces y sont irrémédiablement fixées dans la minceur absolue : l'instant crucial de l'anecdote (l'irruption de la police anglaise dans le grand salon de la Villa Bleue) n'est que la couverture illustrée d'un magazine chinois, la fin « dramatique » du livre (l'arrestation de Johnson dans la chambre même où s'étale la nudité triomphante de Lauren) est décrite exactement comme si c'était une des pages du même journal, Lady Ava n'est qu'une actrice sans talent et sa chambre un décor peint en trompe-l'œil, les scènes complaisantes de sadisme sont des numéros de cabaret ou des publicités-choc d'un organisme de lutte contre la drogue ; quant à la mort d'Edouard Manneret, tant de versions folles et contradictoires en ont été données d'un bout à l'autre du roman (dont une selon laquelle il ne s'agirait là que d'une pièce de théâtre écrite par Johnson !) qu'il est impossible de lui porter le moindre crédit, l'auteur ayant d'ailleurs déclaré dans une interview que ce personnage n'était que le tableau d'Edouard Manet représentant Mallarmé à sa table de travail. (Faut-il aussi noter l'allusion phonétique au photographe Man Ray ?)

Et pourtant nous ne donnons pas dix ans au lecteur avide de profondeur pour s'émouvoir sincèrement à la course sans issue de Sir Ralph à travers les ruelles de Victoria et les avenues de Kowloon, à la mort désespérée de Lady Ava, à l'angoisse immense qui accable le moindre geste dans le luxueux salon de danse de la maison spéciale. Est-ce alors l'échec de Robbe-Grillet que cette lecture humaniste consacrera ? Non, car nous découvrons mieux que jamais avec un tel livre ce que nous pressentions déjà depuis longtemps : ce qui intéresse notre auteur, c'est seulement de créer une littérature *conflictuelle,* c'est-à-dire une littérature de tensions non résolues. Il ne se préoccupe sans doute ni d'objectivité ni de subjectivité, mais bien de créer un conflit de chaque instant entre une objectivité absolue et une subjectivité totale. Il se moque de savoir si l'homme réside à l'intérieur de lui-même, ou à l'extérieur, sur les murs de la cité ; ce qu'il organise, c'est ce conflit permanent entre une superficialité avouée — ou même démonstrative — et une chute vertigineuse qui nous guette à chaque page dans les abîmes de la panique, de la gorge qui se serre et de l'inconscient irréductible, qu'il soit individuel ou collectif.

Ainsi s'explique (et nous en verrons sans cesse, dans ce qui va suivre, d'autres exemples), par cette préoccupation constante et majeure d'inscrire dans l'écriture elle-même un conflit sans solution, la variété et surtout les antagonismes que nous relevions en commençant parmi les lectures successives auxquelles tous les romans de Robbe-Grillet l'un après l'autre ont donné lieu, la contradiction se trouvant dès le départ mise en scène par la narration, chaque livre ne faisant que déplacer le niveau du conflit, mais conservant toujours avec un soin retors des positions préparées à l'avance pour la partie adverse, entraînant par ce moyen des appeaux et des leurres ses lecteurs fascinés toujours un peu plus loin, à mesure que Robbe-Grillet lui-même progresse en laissant au fur et à mesure ses propres œuvres loin derrière lui, prêt à les condamner aussi bien, comme si chacune d'elles ne pouvait avoir que cette existence fragile entre l'édification aventureuse et le soudain écroulement.

Le meilleur exemple que nous puissions donner de cette *dialectique* permanente des surfaces brillantes et de la trouble profondeur, c'est probablement l'érotisme. On sait que l'érotisme moderne est l'ennemi numéro un non seulement des moralistes professionnels (curés, gendarmes et censeurs) mais aussi de toute la population française adulte, restée profondément attachée dans son ensemble — prolétariat compris — aux valeurs de la bourgeoisie ; il est normal, dans ces conditions, qu'il tienne une place de choix au sein d'une œuvre qui s'attache à subvertir toutes les lois rassurantes, toutes les vérités, toutes les morales. Cet érotisme, Robbe-Grillet a précisé à propos de son film *Trans-Europ-Express,* puis de nouveau à propos de *Projet pour une révolution à New York,* qu'il n'était plus celui de la culpabilité, de la transgression sacrilège et du remords ; par un curieux (mais non pas exceptionnel) déplacement des valeurs, l'infraction au code qu'il représente aujourd'hui n'est plus le crime contre la morale chrétienne, mais au contraire, ce crime ayant été lui-même récupéré au nom de la collusion millénaire entre le pêcheur et le saint, une infraction à cette règle plus récente selon laquelle le viol de la morale joue à son tour un rôle rédempteur. Nous avons donc affaire ici, du point de vue de nos humanistes, à une sorte d'infraction au second degré. Aussi la critique ne s'est pas fait faute de dénoncer le manque de profondeur de cet érotisme sans damnation, et par conséquent son manque de « sérieux », comme si tout cela s'était opéré à l'insu de l'écrivain.

A première vue, il semble incroyable que *la Maison de rendez-vous,* puisque c'est de ce roman en particulier qu'il s'agit, ait pu donner naissance à ce genre de malentendu. Tous les thèmes érotiques y apparaissent en effet comme les éléments bien évidents et bien rangés d'une panoplie, un jeu de contruction aux figures mobiles dont les images de base seraient les stéréotypes sexuels de notre société : la femme toujours « jeune et belle », la femme esclave et reine, la femme piège, la peur masculine de l'impuissance, l'inversion phantasmatique des rôles, la violence de l'homme comme transfert de sa solitude, l'argent à odeur de sexe, etc., sans compter le bon vieux complexe d'Œdipe. Il est clair, et clairement signifié dans le livre lui-même, que la passion amoureuse de Johnson, dit Sir Ralph (ce surnom ne rappelle-t-il pas ironiquement le célèbre Sir Stephen de *l'Histoire d'O ?*), pour l'immarcescible et cristalline prostituée-prisonnière de la Villa Bleue, son achat à prix d'or, les sévices sensuels auxquels elle abandonne son corps étincelant, docile, inentamable, les exigences exorbi-

171

tantes et froidement calculées qu'elle impose à son amant, qui iront jusqu'à l'assassinat obligatoire d'Edouard Manneret, personnage désigné successivement comme le père de la plupart des protagonistes masculins ou féminins de l'histoire, il et clair — disions-nous — que tous ces éléments mythologiques ont été choisis avec application dans l'arsenal psycho-sexuel qui s'étale aujourd'hui sur les écrans géants des cinémas et aux vitrines illuminées des sex-shops, dans toutes nos métropoles occidentales. Il est clair également que le souci de ne porter, sur ces nudités offertes et ces dérèglements sophistiqués des sens, aucun jugement moral, ni pour les condamner ni pour s'instituer le champion d'aucun naïf libéralisme, correspond bien à la volonté affichée par notre auteur d'en faire de purs objets, de parfaites images de mode...

Et cependant... ! L'insistance cependant de ces images acquiert très vite un caractère obsédant, inquiétant même à la longue ; et l'on se prend bientôt à douter du parfait détachement de l'écrivain vis-à-vis de phantasmes aussi répétitifs, aussi spécialisés, aussi cohérents. Après *Projet pour une révolution,* où les scènes sado-érotiques tournent au vrai délire, il faut se rendre à l'évidence : derrière cette imagerie sans personnalité, cette superficialité déclarative, cette lumière trop crue, derrière ces dessins glacés qui semblent sortir seulement du plus apprêté des magazines de luxe, il y a bien une profondeur, et c'est celle de Robbe-Grillet. Celui-ci, qui a bien entendu senti le danger d'une telle découverte, a répondu par avance [1] que ce n'était pas derrière qu'il se situait, mais devant, en pleine lumière lui aussi, et qu'il avait choisi de

---

[1]. Dans une interview du *Nouvel Observateur* pour la sortie de son dernier livre.

mettre en jeu au grand jour ses propres phantasmes, démontrant en même temps leur identité avec ceux qu'il retrouvait partout autour de lui, et leur absence totale de mystère. N'aurait-il pas mieux valu, là encore, avouer qu'il s'agissait plutôt d'une tension non résolue, d'un conflit dynamique dans le fonctionnement du livre ? D'autant plus que c'est cette dynamique même qui porte la lecture de page en page (expliquant ainsi l'étonnant pouvoir séducteur d'une littérature pourtant si éloignée de nos habitudes), après avoir été pour le romancier le principal moteur de l'écriture, annoncé par cette constitutionnelle première phrase : « La chair des femmes a toujours occupé, sans doute, une grande place dans mes rêves », à propos de laquelle se posent au moins trois questions : Qui parle à travers cette proposition ? De qui parle-t-elle ? Peut-on dire ce qu'elle dit sur ce mode-là, de cette voix tranquille d'un « Longtemps je me suis couché de bonne heure... » ?

L'immobile et l'inaltérable.

Deux autres caractères flagrants — communs aussi à tous les thèmes de la modernité — que nous avons promis d'étudier dans ce livre, pourraient de la même façon être mis en lumière par l'exemple de l'érotisme : l'immobilité, l'inaltérabilité. Groupes sculptés, tableaux vivants, filles de chair observées dans la rue ou lors de scènes plus intimes, l'objet du désir est toujours arrêté, comme immobilisé par le regard ou par la représentation artistique. L'œil du narrateur robbegrilletien contemple longuement, décrit avec une

173

précision, une minutie, une patience, dont on n'a pas assez signalé la structure insistante d'acte éminemment sensuel ; et ce regardeur, pour jouir pleinement du spectacle, a besoin d'exercer sur celui-ci une contrainte, de le retenir prisonnier dans des liens : cordelettes du *Voyeur,* chaînes de *Trans-Europ-Express,* anneaux scellés, chevalets, poids de fonte dans *Projet pour une révolution,* entraves et cachot de *l'Eden.*

Mais l'arrêt, la contrainte ne se limitent pas au domaine de l'érotisme. Et, dans l'ensemble des romans et des films de Robbe-Grillet, tous les témoins attentifs se sont complu à signaler la fréquence étonnante des scènes figées, des gestes suspendus, des personnages isolés ou en groupe qui paraissent frappés d'enchantement ; le vocabulaire très particulier qui met en cause ces objets de prédilection est lui aussi remarquable, et on ne s'est pas fait faute de le remarquer. Mais peut-être est-ce dans *l'Année dernière à Marienbad* que l'effet en question a fait couler le plus d'encre. Sans doute la caméra très mobile d'Alain Resnais avait-elle été un révélateur de choix pour cet univers — un hôtel intemporel peuplé de fantômes — où tout semblait à chaque instant sur le point de se prendre en bloc, comme de la glace, ce contre quoi précisément luttait le héros avec la passion du désespoir. Quant à *la Maison de rendez-vous,* les exemples qu'on en pourrait citer y sont trop nombreux, à chaque page, pour qu'un inventaire en soit de mise dans le cadre de notre étude ; rappelons simplement ceux dont on a déjà ici noté l'existence : les objets érotiques (qui se transforment souvent, par surcroît, en dessins sur papier ou statues de pierre), les grandes scènes dramatiques, où l'irruption de quelqu'un fige dans la tension ou la stupeur tous les autres personnages (les danseurs du grand salon à l'entrée des policiers militaires britanniques, les policiers eux-mêmes dans la chambre de Lauren à l'arrivée de Johnson, etc., scènes qui deviennent avec la facilité que l'on sait de vulgaires illustrations de magazines), enfin les innombrables mouvements des héros qui se trouvent à tout moment arrêtés en pleine course, telle la flèche de Zénon, par la seule vertu de l'écriture.

Un dérivé fréquent de l'immobilité est représenté d'une manière inattendue par le mouvement méca-nique : gestes ou événements qui se répètent avec une régularité de métronome, comme le battement sur l'asphalte des pieds nus du coureur à pousse-pousse, ou le mouvement de bascule du rocking-chair où est assis Manneret, éléments dont la mobilité est un mensonge, une imposture, puisqu'ils donnent au contraire une sensation plus troublante encore de l'impossible à rompre fixité. On retrouve d'ailleurs cette impression en regardant les nombreuses compo-sitions plastiques mues par des systèmes compliqués d'horlogerie qui ont envahi les musées modernes et les galeries de « peinture ».

Mais le véritable mouvement (indispensable pour créer l'autre pôle du conflit narratif, là encore néces-saire à notre auteur, et grâce auquel s'établira une nouvelle ligne à haute tension, traversant et alimen-tant toute l'œuvre), c'est la violence, l'intervention brutale de l'orage qui va soudain se déchaîner : rafale de mitraillette des policiers braquant leurs armes automatiques, coups de fouet sur le corps enchaîné de la victime, verre de cristal en déséquilibre sur le plateau du serveur, qui bascule imperceptiblement et va se briser dans un instant sur le sol de marbre. L'immobilité ne prend sa valeur que par rapport à ce viol, à cette rupture imminente ; il semble bien que Robbe-Grillet ait choisi de rendre présent et oppres-sant le déferlement de la violence par la brève, fragile, transitoire, période d'immobilité qui la précède immédiatement, tel, sous le climat tropical de Hong-Kong, l'arrêt total de tout déplacement d'air qui annonce à coup sûr l'arrivée prochaine du typhon.

Ecriture mouvante autour d'un sujet immobile (comme la caméra autour de la statue de Marienbad), ou bien personnage en mouvement interrompu dans son geste par la description qui l'appréhende, le conflit est par conséquent double : entre l'écriture et le thème qu'elle développe, entre le thème développé et celui — implicite — dont on pressent la déflagration toute proche (brisure, cri strident, déchirure, écroulement, explosion, assassinat). Et en même temps le caractère inaltérable des choses continue à s'imposer : la flèche de Zénon poursuit imperturbablement son vol immobile.

Cette unique, innombrable fille, « jeune-et-belle » à titre définitif, des romans et des films de Robbe-Grillet, le public n'a pas très bien compris son origine, sa justification, sa nécessité formelle : l'arrêt du temps. Sans doute ce point constitue-t-il un des antagonismes les plus frappants entre notre auteur et cet autre grand écrivain, pourtant parmi les plus proches dans le groupe du Nouveau Roman : Claude Simon. Chez ce dernier, on perçoit de plus en plus la marque du temps sur les personnages — les femmes en particulier —, le flétrissement des corps et des visages, l'aigrissement des caractères, la déchéance généralisée produite par les maladies et la vieillesse. Tout au contraire, chez le romancier de *Projet pour une révolution à New York* et chez le cinéaste de *l'Eden et après,* on constate la volonté de plus en plus affirmée de mettre en scène un monde inaltérable : objets indestructibles, chairs qui ne sont même pas effleurées par le soupçon de l'âge. Le temps, accompagné ou plutôt matérialisé par son cortège de rides, de misères physiques et de décomposition (le célèbre pourrissement des poires dans *l'Herbe* de Claude Simon), le temps qui passe a toujours été un des piliers de la littérature humaniste, et c'est à juste titre que l'essayiste de *Pour un Nouveau Roman* en a fait un des points sensibles de sa critique du roman traditionnel.

A l'immobilité dans l'espace, correspond donc la suppression de la durée : le temps ici ne coule plus, et la plus évidente image de cet arrêt dans une éternité sereine de l'instant, c'est le visage lisse et le corps à tout jamais juvénile de la *cover-girl*, ce très important objet de notre civilisation qui reprend le paradoxe de Zénon d'Elée et réalise en même temps, sur les pages vernies des magazines, le vieux rêve du docteur Faust : « Si je dis à l'instant qui passe, arrête-toi tu es si beau... » Bien entendu, les attentats divers auxquels seront offertes sans cesse ces poupées de porcelaine rendront plus tangible encore l'invulnérabilité de leurs chairs les plus tendres, ce qui explique les supplices de plus en plus extravagants qui attendent les héroïnes de *Projet pour une révolution,* dont les complications maniaques et répétitions obsédées n'arrivent même pas à entamer le sourire de provocation sensuelle que dessine pour toujours leurs belles lèvres entrouvertes.

L'écriture, de nouveau, va prendre en charge cette qualité de la matière vivante ; dans *la Maison de rendez-vous,* l'anecdote semble basée sur la suppression de toute idée de temporalité, et la causalité qui s'y développe fournit un bel exemple de fonctionnement dépravé : un certain Edouard Manneret est assassiné dans des conditions ambiguës ; le principal suspect — un nommé Johnson — se voit dans l'obligation de quitter Hong-Kong au plus tôt pour se réfugier à Macao et se soustraire ainsi aux recherches de la police anglaise ; mais Johnson veut emmener avec lui la jolie prostituée Lauren, qu'il doit donc racheter au bordel de luxe tenu par Lady Ava ; pour se procurer l'argent nécessaire, il se lance dans une course folle dont le déroulement en spirale le conduit jusque chez Manneret, qui seul en fin de compte pourra avancer une somme aussi considérable ; mais Manneret fait semblant de ne pas comprendre et Johnson, dans un mouvement d'exaspération, le tue ! Sur cette anecdote de base se greffent des histoires secondaires qui fonctionnent toutes d'une façon similaire : Lauren est fiancée au jeune négociant Marchat ; désespérée par la mort tragique de celui-ci, elle devient pensionnaire dans un bordel de luxe, comme d'autres entrent en religion ; là elle est aussitôt vendue par Lady Ava au riche Johnson ; rendu fou par la trahison vénale de celle qu'il aime, le trop naïf Marchat se suicide, etc. Toutes les autres histoires qui foisonnent d'un bout à l'autre du livre présentent — même si leur structure n'est pas aussi ouvertement circulaire — la commune caractéristique de repasser sans cesse par les mêmes points, revenant toujours intactes après avoir subi les plus graves dérèglements.

La solidité à toute épreuve des jolies filles violées et torturées, ou des aventures à la logique détraquée, les phrases vernies sans tremblement ni défaillance en dépit de la folie croissante du récit, tout cela possède encore une corrélation — et c'est la moindre des choses — dans la présence d'objets indestructibles, à l'abri de l'espace et du temps, telles les séries de verres identiques qui n'en finissent pas de se briser sur le sol, ou les robes de fine soie très moulantes, toutes semblables et toujours neuves, qui se déchirent cependant sur la chair nue avec une si étonnante facilité. Notons à leur sujet le rapprochement qui s'impose avec d'autres objets fabriqués en série et imperméables au vieillissement : les bouteilles de coca-cola ou les boîtes de conserve en matière plastique insérés dans les « tableaux » du *pop-art*.

On a dit souvent que la civilisation américaine — cet éden et cet enfer de la modernité — ne connaissait pas les notions d'usagé ni d'ancien : une automobile est neuve, ou bien elle n'est qu'une carcasse au rebut dans un cimetière de la ferraille, comme s'il n'y avait aucun intermédiaire entre le parking à la sortie d'usine et le dépotoir. Aussi ne serons-nous pas étonnés de retrouver tous les accessoires du livre dans une sorte de réserve aux résidus et aux déchets. Voilà donc qu'après avoir fait l'économie du temps qui passe et de l'usure, Robbe-Grillet réussit à introduire malgré tout l'autre pôle du conflit : les décombres ! Ne résistons pas, à ce propos, au plaisir de citer le bref et magnifique tableau vivant placé ironiquement, comme en *abysme,* dans le film *l'Éden et après :* une jeune femme, entièrement nue, à genoux parmi les débris méconnaissables de voitures et de machines, fraîchement repeints de couleurs vives, qui braque dans sa bouche ouverte le canon d'un gros revolver. Et au cours du présent ouvrage, qui ne fait en somme que relater une seule soirée à la Villa Bleue, nous voyons, assise sur un canapé tour à tour rouge, jaune, à bandes jaunes et rouges, aux teintes incertaines, puis tout à fait décoloré par le grand âge, la figure centrale de Lady Ava représentée à la fois sous les traits d'une brillante hôtesse de la maison du plaisir, d'une comédienne déjà sur le retour, aux jambes et au talent fatigués, enfin d'une très vieille femme qui meurt abandonnée dans la débâcle générale de ses souvenirs. On juge par ces variations excessives à quel point, chez ce personnage assez nouveau dans l'œuvre de Robbe-Grillet, la « tragédie » du temps peut être parodique.

Nous découvrons là un phénomène qui, apparu

avec *la Maison de rendez-vous,* se développera bien davantage dans le *Projet pour une révolution à New York :* c'est l'hypertrophie, la prolifération volontairement exagérée d'un élément qui avait été — explicitement ou non — condamné par les écrits théoriques de l'auteur. Le vocabulaire est lui-même ici le siège d'une transformation de cet ordre, puisque, à l'écriture du constat qui fuyait les « métaphores » comme la peste, succède à présent une cascade de notations *adjectives* (selon la terminologie adoptée par Roland Barthes) qui donne dès la première page : « la peau fragile », « la tendre chute des reins » et « la belle esclave enchaînée », pour atteindre vers la fin du volume à d'extraordinaires débauches métaphoriques : citons comme spécialement remarquable la série de fellation, caresses profondes, viol collectif et spasme coïtal à quoi la servante eurasienne se trouve soumise pendant la descente affolée d'un escalier d'immeuble bourgeois (après la découverte du cadavre sanglant de Manneret), le tout décrit à travers les qualificatifs se rapportant en principe à une boule de papier mâché, puis à une porte entrouverte' dont le pêne claque dans la gâche en se refermant. Robbe-Grillet a expliqué que ces métaphores-là, loin d'essayer de passer pour innocentes, se désignent au contraire elles-mêmes et ne sont plus que des « objets » culturels, ajoutant que le fait de les avoir puisées dans la contre-culture des romans-feuilletons freudiens les assimile à des collages littéraires, ce qui interdit leur récupération humaniste. C'est vrai, mais il aurait, une fois de plus, été important de dire autre chose : que le jeu antithétique de la métaphore littéraire et de la littéralité était un de ces indispensables conflits d'écriture dont nous avons déjà parlé, qui donnent vie et beauté à ce livre.

Le conflit dans l'écriture
comme générateur du roman.

Ce sont évidemment ces luttes intérieures qui font toute la différence entre *la Maison de rendez-vous* et les littératures populaires que l'auteur utilise, à commencer par la plus visible de ces luttes — nouvelle également dans l'œuvre de Robbe-Grillet — celle dont l'enjeu est la conquête, toujours remise en question, de la place du narrateur : sa possession passant sans cesse de bouche en bouche, d'un pôle à un autre, de joueur en joueur, comme dans une partie de rugby le ballon passe de main en main. En effet, qui dit « je » dans ce roman ? C'est-à-dire : qui écrit ? Ou plutôt, puisque le glissement s'opère dès le début vers une narration en bonne et due forme, qui raconte ? Nous aurons successivement identifié dans cette voix : celle de l'auteur lui-même, celle du gros homme au teint rouge, celle de Ralph Johnson aux personnalités et dénominations multiples, celle de Lady Ava, celle de Manneret, celle du vieux roi Boris, etc. Mais cela pourrait être aussi les sculptures du parc qui racontent l'histoire, ou bien les pièces jouées sur le théâtre spécial de la Villa Bleue, ou bien l'illustré chinois qui traîne dans le ruisseau et dont un employé municipal illettré tourne les pages du bout de son balai en paille de riz, ou bien encore les ustensiles déjà cités de la réserve aux accessoires déchus. Avec des passages subtils de l'un à l'autre, des dérapages continuels, des renversements aussi abrupts qu'impossibles à localiser avec précision, on dirait que chacun de ces lieux, ou objets matériels, ou personnages, essaie à tour de rôle (voire en même temps) de reprendre à son compte le récit ; et c'est, à la limite, comme si chaque mot du livre organisait à son profit l'ensemble de cette soirée perdue.

Mais l'œuvre romanesque — Robbe-Grillet l'a répété à maintes reprises — fait tout autre chose que raconter : elle *parle*. Et il faut aussitôt préciser que cette parole — celle, cette fois, de l'écrivain — se constitue d'elle-même en discours, en *logos,* c'est-à-dire qu'elle développe et définit à chaque instant ses propres assises, ses propres règles, qu'elle organise à la fois son propre mouvement créateur, sa cohérence interne et ses distorsions, voire ses ruptures, qu'elle fonde ses propres valeurs, ce qui revient à leur enlever du même coup toute prétention au naturel, à l'absolu, au durable (donc à les priver du moindre esprit de sérieux), enfin qu'elle prépare sans cesse son propre éclatement, ou désagrégation, ou dérision, ou déchéance, en un mot sa propre mort. On comprend qu'un tel discours ne puisse jamais renvoyer à rien d'autre qu'à soi-même : il n'a ni objet ni univers de référence (pas plus un décor géographique qu'une histoire, ou que l'identité d'un narrateur), c'est une parole qui ne parle de rien.

Aussi le romancier doit-il tomber de haut lorsqu'il découvre, au hasard de la grande presse, le compte rendu d'un de ses livres : confronté soudain avec les valeurs éternelles — la Nature, le Sérieux, la Profondeur, la Vérité — il se voit aussitôt condamné sans appel au nom de lois que justement il récuse, du moment qu'il a pris la parole pour affirmer face à l'ordre établi (l'ordre éternel) sa propre liberté (celle de l'homme). Cette parole, qu'il a posée dès le départ comme fondatrice de sens, il ne peut s'agir pour lui de l'assujettir à quelque signification pré-existante ; pourtant, c'est ce qu'on feint d'être en droit de lui demander lorsqu'on lui oppose des jugements de ce genre : votre récit n'est pas clair, la conduite de votre héros est invraisemblable, Hong-Kong ne ressemble pas à ça. Les deux notes préliminaires, antinomiques et fortement chargées d'ironie, placées par l'auteur en tête de *la Maison de rendez-vous* indiquent cependant beaucoup plus que ce refus catégorique de représenter : elles montrent qu'il a pris conscience, au moins sur ce point, de la fonction motrice du conflit non résolu.

Historiquement, les choses se sont passées de la façon suivante : à propos de ses premiers romans — nous l'avons dit au début de cette analyse — Robbe-Grillet, comme tous les Nouveaux Romanciers, n'a pas voulu se dégager franchement du dogme de la *représentation,* préférant égarer ses commentateurs par une défense farouche mais glissante de l'objet pris comme tel (représentation objective pure) puis de la déformation inévitable opérée sur lui par le témoin-narrateur (représentation subjective). C'est ensuite seulement, à partir du *Labyrinthe,* qu'il a insisté davantage sur la fonction créatrice de l'écriture et qu'il a développé peu à peu (surtout à propos de *l'Eden* et de *Projet pour une révolution*) une sorte de théorie des « thèmes générateurs », tandis que, vers la même époque, Jean Ricardou orientant ses propres recherches dans une direction voisine — quoique sensiblement différente — faisait (en citant à l'appui de sa thèse les derniers romans de Robbe-Grillet et de Claude Simon) des mots eux-mêmes les générateurs du texte, annonçant ainsi à la limite l'avènement d'une littérature du signifiant qui priverait le signifié de tout rôle organisateur [1].

Alors que Ricardou opère donc, de plus en plus,

1. Voir en particulier *Pour une théorie du Nouveau Roman,* de Jean Ricardou, paru au printemps 1971 aux Editions du Seuil.

une combinatoire d'anagrammes et de jeux phonétiques sur les lettres et les sons composant les mots, Robbe-Grillet s'en tient, lui, à des opérations génératrices à partir des thèmes anecdotiques (objets, événements fragmentaires, etc.). Mais, ce sur quoi ni l'un ni l'autre de ces écrivains n'a suffisamment insisté dans ses aperçus théoriques, c'est la nécessité absolue d'un dédoublement conflictuel généralisé des éléments qui engendrent le récit. Dans *l'Eden et après,* par exemple, dont l'organisation sérielle a été maintenant perçue, il nous paraît essentiel de mettre en lumière ce fait plus important : les thèmes qui se retrouvent au sein de chacune des différentes séries peuvent, tous et de toute évidence, être groupés par couples d'antagonistes : le feu et l'eau, le coupant et le visqueux, l'ouvert et le fermé, le désert et la ville, la danse et l'immobilisation dans les chaînes, etc. Et, de même, tout ce que nous venons de dire à propos des quelques points envisagés, au cours de ce bref article, montre que chaque chose dans *la Maison de rendez-vous* est systématiquement accompagnée de son contraire.

Or le reproche que l'on peut faire, que l'on ne manquera pas de faire, à Ricardou, en dépit des passionnants développements qu'il produit sur ses propres œuvres comme sur celle de ses aînés, c'est qu'il décrit — en s'appuyant par exemple sur cette *Maison de rendez-vous* — une littérature idéaliste de l'unité retrouvée, de l'écriture réconciliée, et cela à un double titre : d'une part, travaillant de préférence sur les signifiants, il ne tient pas assez compte des contradictions constantes qui distordent les codes sociaux connotant les signifiés ; d'autre part, le fonctionnement de ses vocables générateurs une fois défini, tout semble se passer pour lui dans la parfaite euphorie du nécessaire et suffisant, du pacifié, de l'harmonie rassurante et définitive. Nous préférons, quant à nous, voir au contraire l'avenir du Nouveau Roman dans les tensions conflictuelles, internes et interactives, de tous les éléments de la fiction. Les générateurs en action qui vont remplacer l'ordre dit *naturel* du roman bourgeois perdraient à la fois toute possibilité de se faire lire *et tout sens politique* s'ils abandonnaient ce que nous avons signalé ici à propos de ce roman particulier : la fonction dynamique de l'irréconciliable, l'antilogie devant se retrouver à tous les niveaux problématiques, *y compris celui de la représentation,* d'où les apparentes hésitations ou volteface de Robbe-Grillet devant cette question primordiale de la référence au monde, d'où aussi ce couple d'avertissements préliminaires placé par l'auteur en tête du présent livre.

(Los Angeles, 1971.)

COLLECTION « DOUBLE »

CET OUVRAGE A ÉTÉ ACHEVÉ D'IMPRIMER LE QUA-
TRE JUILLET MIL NEUF CENT QUATRE-VINGT-HUIT
DANS LES ATELIERS DE NORMANDIE IMPRESSION S.A.
61000 ALENÇON (ORNE) ET INSCRIT DANS LES
REGISTRES DE L'ÉDITEUR SOUS LE N° 2324

Dépôt légal : juillet 1988